杨波 著

幽燕雪鸿

老北京城门城垣影志

生活·讀書·新知 三联书店

Copyright © 2025 by SDX Joint Publishing Company.
All Rights Reserved.

本作品版权由生活·读书·新知三联书店所有。
未经许可，不得翻印。

图书在版编目（CIP）数据

幽燕雪鸿：老北京城门城垣影志 / 杨波著.
北京：生活·读书·新知三联书店，2025. 4. -- ISBN 978-7-108-07958-9

Ⅰ．K928.77-64

中国国家版本馆 CIP 数据核字第 2024XS7324 号

责任编辑　林紫秋
装帧设计　康　健
责任校对　陈　明
责任印制　卢　岳
出版发行　生活·讀書·新知三联书店
　　　　　（北京市东城区美术馆东街 22 号 100010）
网　　址　www.sdxjpc.com
经　　销　新华书店
印　　刷　天津裕同印刷有限公司
版　　次　2025 年 4 月北京第 1 版
　　　　　2025 年 4 月北京第 1 次印刷
开　　本　720 毫米 × 1020 毫米　1/16　印张 25
字　　数　140 千字　图 453 幅
印　　数　0,001-4,000 册
定　　价　99.00 元

（印装查询：01064002715；邮购查询：01084010542）

目 录

前言　1

内城九门　1
  安定门　3
  德胜门　19
  东直门　28
  西直门　35
  朝阳门　45
  阜成门　65
  崇文门　79
  宣武门　99
  正阳门　111

内城角楼　149

内城四壁、护城河　171

和平门、建国门、复兴门等后辟五门　203

外城七门　215

　　东便门　217

　　西便门　229

　　广渠门　237

　　广安门　246

　　左安门　257

　　右安门　264

　　永定门　275

外城角楼　289

内外城接合部碉楼　303

外城四壁、护城河　311

皇城六门　327

　　地安门、东安门、西安门　329

　　长安左门、长安右门及中华门　341

皇城墙　357

附录　1900年后北京城门城垣的状况与拆除始末　368

参考资料　379

后记　389

前 言

北京城是在元大都的基础上，于明初改建而成。从明永乐十八年（1420）明成祖朱棣迁都北京始，清朝定鼎北京后格局被沿用，一直持续到中华人民共和国的建立，再到北京城墙被基本拆除，共历五百余年。在1900年庚子之变前的480年间，北京城都基本维持原貌。作为京师的防御设施，一有破损，都能被及时修葺完缮，皇命在焉。

北京昔日的内外城都有护城河。内城护城河的水源主要来自西北白浮泉、玉泉等水系汇流于瓮山泊（昆明湖），经长河（高梁河，原为永定河故道，后汇聚山泉而东流）抵西直门外高梁桥，然后分为东、南两路。

第一路向东，经德胜门水关再分为东、南两支，南支注入城中积水潭、三海，进入宫城护城河（筒子河），然后流经御河，在正阳门东水关注入内城南护城河；东支即北护城河继续东行，在东北角楼处南转成为东护城河。在东便门西水关外再分两支，主流东拐，过大通桥，为外城东段北护城河，至此已即通惠河了；支流同内城南护城河合流向东，经东便门东水关流出外城东段北垣，注入外城东段北护城河（通惠河）。

第二路从高梁河向南成为内城西护城河，在西便门水关分为两支，一支穿过水关南行后转向东，成为内城南护城河；另一支向西、向南，成为外城护城河（外城护城河水源还有永定河引水渠经玉渊潭东南支流，在外城西北角楼外注入外城护城河），外城护城河在东垣外北行过外城东北角后，注入通惠河。

元代时郭守敬另开辟有金水河，引高梁河在和义门南设水关入大都城，东行至太平坊，南折至阜财坊，再东行注入北海、中海。入明以后此水道逐渐废弃，成为内城的排水道，称为河槽。清末到民初盖板成为暗沟，上面就辟为了街道：北段名为北沟沿儿，抗战胜利后定名赵登禹路、太平桥大街至今，南段称南沟沿儿，经象房西，抗战后定名为佟麟阁路至今，在宣武门西水关注入内城南护城河。三海之水由积水潭注入，明代外金水河出南海东行，过承天门金水桥，经御沟（菖蒲河）汇入御河（玉河），由正阳门东水关注入内城南护城河。

北京城墙上设有水关，为城市进水、排水通道。内城有7座水关：德胜门西（内城进水口，3孔）、东直门南（排水口，1孔）、朝阳门南（排水口，1孔）、崇文门东（排水口，1孔）、正阳门东（排水口，1孔）、正阳门西（排水口，3孔）、宣武门西（排水口，1孔）。外城设3座水关：西便门东（外城进水口，3孔）、东便门西（外城进水口，1孔）和东便门东（内城、外城总排水口，3孔）。水关基础为三合土夯筑，上覆石板、石块，再覆城砖，顶部砌成券顶式或过梁式。每座水关均设二至三层铁栅栏，并派士兵看守。

1900年庚子之变，义和团焚烧大栅栏老德记洋药房，没承想火烧连营，点着了半条前门大街，殃及正阳门箭楼，这一片被一并烧毁。紧接着八国联军进攻北京城，接连炮轰，英法军轰塌了崇文门箭楼、外城东北角楼，日军轰塌了朝阳门箭楼，俄军轰塌了内城西北角楼，内外城多处城墙、城门、角楼受损。英军占据正阳门城楼，由英属印度兵驻扎，一日生火做饭，不慎点着了城门楼，大前门楼子就这么在庚子之变中烧毁了。现在的正阳门城楼和箭楼都是在庚子之变后，于1903年由袁世凯主持重建的，已不是原汁原味了。得到修复的还有朝阳门箭楼（1903年）和内城东南角楼（1935年，留存至今），其他损毁的城楼、角楼，一直没能得到修复，并相继被拆除。

据《明史·地理志》载："顺天府，元大都路，直隶中书省。洪武元年八月改为北平府。十月属山东行省。二年三月改属北平。三年四月建燕王府。永乐元年正月升为北京，改府为顺天府。永乐四年闰七月建北京宫殿，修城垣。十九年正月告成。宫城周六里一十六步，亦曰紫禁城。门八：正南第一重曰承天，第二重曰端门，第三重曰午门，东曰东华，西曰西华，北曰元武（按：即玄武门，后改称神武门）。宫城之外为皇城，周一十八里有奇。门六：正南曰大明，东曰东安，西曰西安，北曰北安，大明门东转曰长安左，西转曰长安右。皇城之外曰京城，周四十五里。门九：正南曰丽正，正统初改曰正阳；南之左曰文明，后曰崇文；南之右曰顺城（按：《元史》作"顺承"），后曰宣武；东之南曰齐化，后曰朝阳；东之北曰东直；西之南曰平则，后曰阜成；西之北曰彰仪（按：疑此处"彰仪"误，应为"和义"），后曰西直；北之东曰安定；北之西曰德胜。嘉靖二十三年筑重城，包京城之南，转抱东西角楼，长二十八里。门七：正南曰永定，南之左为左安，南之右为右安，东曰广渠，东之北曰东便，西曰广宁，西之北曰西便。领州五，县二十二。"

上述《明史》所载，其中有两处似有误，一是京城西之北门，元朝和明初时为和义门，后改名为西直门，彰义门（《明史》中写作了"彰仪"）之称乃金中都西之北门，金中都元初废之，时称为

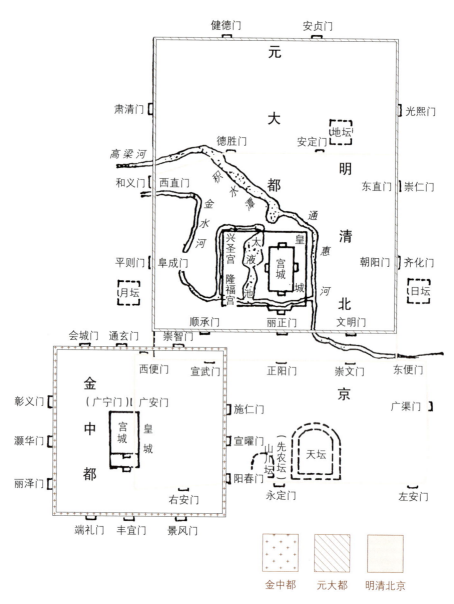

金元明清都城变迁图

"旧城"或"南城"，彰义门不在元大都范围之内，窃以为应为"和义门"；二是宫城"门八"应是算上午门五凤楼下的阙左门和阙右门。

老北京城的"内九外七皇城四"是俗指北京的内城、外城和皇城的城门数量，其实皇城应为六门。

内城九门：

安定门——北之东门，元大都安贞门南移；

德胜门——北之西门，元大都健德门南移；

东直门——东之北门，元大都崇仁门；

西直门——西之北门，元大都和义门；

朝阳门——东之南门，元大都齐化门；

阜成门——西之南门，元大都平则门；

崇文门——南之东门，元大都文明门南移，俗称哈德（达）门、海岱门；

宣武门——南之西门，元大都顺承门南移；

正阳门——南之中门，内城正南门，元大都丽正门南移，俗称前门，位于北京城中轴线上。

外城七门：

东便门——北之东门；

西便门——北之西门；

广渠门——东门，俗称沙窝门；

广安门——西门，明嘉靖年间建成时称广宁门，清道光年间避上讳"旻宁"之"宁"，改称广安门。

广安门俗称彰义门，由南城当地百姓口口相传了七八百年。金代（1115～1234年）中都城西之北门名彰义门，此方位东西向通衢即彰义门街，街名、城门名一直被老百姓叫到了20世纪六七十年代，现在的广安门内、广安门外大街就是彰义门街，广安门（广宁门）虽是建在了金中都彰义门迤东，不在原位置，但还在这条街上，所以百姓仍称其为彰义门。

左安门——南之东门，俗称江擦门；

右安门——南之西门，俗称南西门；

永定门——南之中门，外城正南门，位于北京城中轴线最南端。

皇城六门：

地安门——北门，元大都大内萧墙厚载红门的位置，明朝时称北安门，俗称后门，位于北京城中轴线上；

东安门——东门；

西安门——西门；

长安左门——皇城外郭千步廊左端，面东；

长安右门——皇城外郭千步廊右端，面西；

中华门——皇城外郭千步廊南端，面南。明朝时称大明门，清朝时改为大清门，民国后改名中华门，该名一直延续到1959年被拆除。

"皇城四"之说，应该是清朝以后民间形成的说法，算是民俗吧。依《明史》所载，承天门（天安门）、端门应属宫城范畴，而大明门（大清门、中华门）、长安左门、长安右门则是皇城范畴。这样，皇城就应该是六门。宫城也是六门：玄武门（神武门）、东华门、西华门、午门、端门、承天门（天安门）。"宫城八门"之说，应是算上了阙左门和阙右门。

赞曰：

幽燕茫茫，襟海拥行，肇生边邑，繁都兴邦。

五族逐强，华狄交染，凝练四野，辐辏八方。

辽金始都，元明一统，建州囊夏，共和归心。
城池壮伟，坊巷井然，山水相宜，鱼跃鸢飞。
生民蕴养，千年锤炼，家国情怀，融骨彻髓。
文渊武昌，珍馐精馔，艺馨巧工，万民乐陶。
礼乐繁盛，百业勃兴，雍容旷涵，风骨昭彰。
百年侘傺，偃旗息烽，意气风发，力争上游。

　　老北京城的城门除去紫禁城和那一对半的门楼，其他的城门就留下了城门名，成了看不见实物的抽象的地名，真的都变成了"非物质文化遗产"。记得侯仁之先生曾讲述其年轻时求学初到旧都一刻的感触："……作为一个青年学生，对当时被称作文化古城的北平，心怀向往，终于在一个初秋的傍晚，乘火车到达了前门车站。当我在暮色苍茫中随着拥挤的人群走出车站时，巍峨的正阳门城楼和浑厚的城墙蓦然出现在我眼前。一瞬之间，我好像忽然感到一种历史的真实。从这时起，一粒饱含生机的种子，就埋在了我的心田之中……"从此，侯仁之先生对北京这座古城的城墙和城门，始终怀有一种亲近之感。如今大师和古城已逝，只留下了后人无限的追思。特录《登幽州台歌》诗句于此："前不见古人，后不见来者。念天地之悠悠，独怆然而涕下。"

　　本书谨展现北京内城、外城和皇城自1860年北京首次有照片资料到20世纪60年代，精选400余幅这一百年间北京城垣演变的可视影像，基本包括了作者所能搜寻到的大部分老北京城门、城垣较清晰的旧影。首先感谢这些影像的拍摄者和传播者，使我们现代人得以领略在这片土地上逝去的文明——老北京的城池建筑和风貌。其中多数作品来源于当时知名的摄影师、记者、旅行家、杂志等，作者均在图后注明。

也有一些照片因年代久远无法确定署名，只好暂留空白。紫禁城荣幸留存至今，暂不在此书之列。自2014年始，已陆续将所拟章节发布到作者的博客上，其间获得了网友读者的好评和认可，也促使作者进一步修正、勘误，萌发集册出版之念，在此深表感谢。

　　本书以历史影像作为时间轴线，加以叙述北京城的演变过程。城门小传和图片注释为作者翻阅大量北京史料、民俗典故，以及考证判定后所拟。由于水平见识所限，难免有错讹和叙述标注不当之处。还请了解背景、考证确切的专家学者及读者朋友们批评指正。寄希望于展示出一个确凿的老北京城概貌，而本书也能够成为一函关于老北京城的历史案卷。

杨　波

作于2019年己亥正旦

内城九门

安定门

安定门小传

安定门位于北京城内城北垣之东,明朝初年明军攻破元大都后,内缩大都北城墙5里(约2.5公里)修筑北垣,改大都为北平。元大都北之东门安贞门南移修筑为新的北平城北之东门,取发兵荡寇、凯旋而归,获得皇朝家国安定之意,定名为安定门。按照《易经》学说,安定门又称"丰门"(丰裕之门)。

京城九门中其他七门瓮城内都建有关帝庙,唯北垣二门瓮城内建的是真武庙,安定门真武神像被称为"安定真武",在诸门中独具一格。

清乾隆十五年(1750)《京城全图》上的安定门图

真武即玄武或元武（宋朝避皇祖讳改称真武），是镇守北方之神，真武大帝为保平安，当然要镇守寓意天下太平、以德服人的京城北门了。

安定门城楼，重檐歇山三滴水楼阁式建筑，灰筒瓦绿琉璃瓦剪边，戗脊走兽7个。楼宽26.4米，深11.5米，下层面阔7间（含廊）31米，檐柱24柱，进深16.05米；上层面阔五间25.6米，檐柱16柱，楼高22米，楼连台通高33.13米。券洞门为五伏五券式券顶。城楼内两侧城墙内壁修有登城马道，供守城军士步行或骑马上下城墙。北京城的城门楼有一个显著的特点，就是所有城门楼上下层的檐（廊）柱上端都没有雀替。而通常中式建筑如门廊、回廊、亭子等有檐（廊）柱的地方，柱上都有雀替。"雀替"是清朝时的称呼，它在宋代李诫《营造法式》中叫"绰幕"。雀替是放在柱子上端用来与柱子共同承受上部压力的对象，具体位置在梁、枋与柱子的交接处，它除了具有一定的承重作用外，还可以减少梁、枋的跨距或是增加梁头的抗剪能力，后来更多起装饰作用。北京城门楼廊柱不设雀替，笔者暂时还未弄清缘由，但这确是北京城门楼的一大特色。许多画家写意北京城门楼时，都喜欢加上雀替，岂不知这样却是失去了北京城门的风格。

安定门箭楼（京城九门箭楼形制基本相同，体量和细部略有差异），位于瓮城北端。面阔7间，通宽32.5米，进深3间，后出抱厦5间，连抱厦通进深25米，楼连台通高30米。楼顶为灰筒瓦绿琉璃瓦剪边重檐歇山顶，抱厦顶为独立单檐歇山顶，楼顶上层后檐中部顺坡延伸，覆盖后抱厦顶正脊。对外的3面墙体上下共设4排箭窗，正北面每排12孔，两侧面每排各4孔，后抱厦两侧面各1孔，总计82孔。安定门箭楼于1956年被市政府下令拆除，1956年12月8日开拆，1957年1月8日拆除完成。拆除时箭楼完好如新，因为1951年才做过彻底修缮，参与者无不伤心落泪。

　　瓮城北部呈圆弧状，东西长68米，南北长62米，瓮城辟闸楼门洞一处，位于东侧月墙，闸楼屋顶建筑形式为硬山顶灰筒瓦。闸楼内设千斤闸，外侧墙面辟箭窗2排，共12孔。北京城门除东直门和西直门外，其他各门瓮城外角都为圆弧形，平面呈半月形，所以瓮城通常又被叫作月城，两侧呈弧状的瓮城墙就被称为月墙。

　　1965年7月1日，北京地铁工程开工。地铁工程局和铁道兵负责施工，北京市负责拆迁。由于工期紧，拆除城墙、城楼的主要任务由铁道兵承担。一期工程拆除内城南垣及城门，二期工程由北京站经建国门、东直门、安定门、西直门、阜成门、复兴门沿环线拆除城门城墙。安定门城楼于1969年被拆除。

1 | 1860年10月21日,安定门瓮城东北面全景,摄于英法联军打进北京时 [(英)费利斯·比托(Felice Beato)]

2　19世纪90年代,安定门瓮城外北侧护城河桥头,图为人们进出城时的情景(东南向)

3　1917～1919年,安定门城楼南面(城里)。路上行人稀少,有步行的、骑驴的、乘洋车的。城楼的瓦垄上和城墙上长着灌木和杂草[(美)西德尼·甘博(Sidney D. Gamble)]

4　1920～1921年,安定门东侧瓮城断墙和墙下的小摊贩[(瑞典)奥斯伍尔德·喜仁龙(Osvald Sirén)]

5　1920～1921年,安定门城楼东北面,瓮城已拆除,在城楼两侧城墙上可看到因拆除瓮城在断面修补的雉堞[(瑞典)奥斯伍尔德·喜仁龙]

6 20世纪30年代,安定门城楼北面(城外)环城铁路道口

	7	8
6		
		9

7　20世纪30年代中前期，安定门城楼西北角下层檐角和廊柱

8　20世纪30年代中前期，安定门城楼西面。城楼三滴水檐角琉璃瓦已掉，二层木扶手围栏已毁

9　20世纪30年代中前期，安定门箭楼南面，从后抱厦进入箭楼的三个实榻大门

10 20世纪30年代，安定门箭楼南面及瓮城内的真武庙

11 20世纪30年代中前期,安定门箭楼西北面。西侧顶层檐角已塌毁。这张照片是由箭楼城台下仰拍的箭楼

12 20世纪30年代中前期,安定门箭楼西南面,箭楼顶层西侧檐角和后抱厦西侧檐角已塌毁。这张照片是由瓮城城墙上拍摄箭楼

13 20世纪30年代中前期，安定门城楼西面进入城楼的实榻大门，若油饰一新的话，应该是红色大门

14 20世纪30年代中前期，安定门箭楼内部梁架，彩绘尚可见

15 20世纪30年代中前期，安定门城楼庑座内部，梁上彩绘已斑驳

16 1933年，安定门箭楼北面，城外关厢泥泞的街道[（德）赫达·莫理循（Hedda Morrison）]

17 1933年，安定门内大街北向[（德）赫达·莫理循]

18 1939年，安定门瓮城外西侧的城墙和护城河，由箭楼西侧箭窗向下拍摄。选自《北支》摄影杂志，1939年11月号

19 1946年,从安定门远眺。由钟楼上面东侧向东北方向拍摄,内城东北角楼已无存,可见城里雍和宫、孔庙、国子监和东直门外自来水厂的水塔 〔(德)赫达·莫理循〕

20 20世纪50年代，安定门箭楼南面及瓮城内的真武庙和环城铁路道口

德胜门

德胜门小传

德胜门位于北京城内城北垣之西,北城墙至此开始折向西偏南。明洪武元年(1368),大将军徐达北征,元顺帝北遁,明军夺取元大都,改称北平,随后将大都北垣之西门"健德门"改为"德胜门",并在北垣南5里处新筑土城垣,作为防止元军反扑的第二道防线。洪

清乾隆十五年《京城全图》上的德胜门图

武四年（1371）废元大都北垣，并废元大都东之北门光熙门和西之北门肃清门，将新筑北垣加宽加高，开辟两门，北之西门仍称"德胜门"。自此将元大都城的十一门，改为了北平城的九门。

明永乐十八年（1420）迁都北京时，北京城是由藩镇边城的北平城草创而来，宫室已然完备，但京城各门基本上是沿用元大都城门，规制不高。明正统元年至四年（1436～1439）重修包括德胜门在内的京城九门城楼、瓮城，增筑箭楼、闸楼、护城河石桥和角楼，城墙包砌城砖。从而奠定了后来五百多年北京城的格局。

德胜门城楼面阔5间，楼宽27米，深12米，廊面阔31.5米，进深16.6米；三滴水重檐歇山式楼阁建筑，灰筒瓦绿琉璃瓦剪边，戗脊走兽7个；下层檐柱24柱，上层檐柱16柱。城楼内门洞两侧城墙内壁修有登城马道。1921年，德胜门城楼因被认为情况危险，构件糟朽损坏严重而被拆除。

德胜门箭楼，雄踞于12.6米高的城台之上，位于瓮城北端。灰筒瓦绿琉璃瓦剪边重檐歇山式，面阔7间，后出抱厦5间，楼连台通高31.9米。对外的三面墙体上下共设4排箭窗，正北面每排12孔，两侧面每排各4孔，后抱厦两侧面各1孔，总计82孔。

瓮城北部呈圆弧状，东西长68米，南北长达110米。闸楼位于东侧月墙，灰筒瓦硬山式，内设千斤闸，闸楼下辟有券洞门，为进出瓮城的孔道。德胜门瓮城较其他城门的瓮城要长出许多，箭楼到城楼的距离比西直门和安定门的要长出近50米，这也是最后德胜门箭楼能被保留下来的一个主要原因。根据孔庆普的《北京的城楼与牌楼结构考察》，1965年成立地下铁道工程筹建小组，经研究决定2号线主要沿内城城墙位置修建，因此沿线相关的城墙城门要全部被拆除，因德胜门箭楼距城墙较远，孤悬在外，不影响施工才得以保留。等到"文革"后期打算拆除时，在余秋里副总理向中央"文革"小组陈情后同意不拆。70年代中后期，这时文保意识得到加强和提倡，加上有识之士呼吁保留，最终决定不拆。

德胜门瓮城内除建有真武庙外，要比其他城门的瓮城多出一景，就是有一个祈雪碑亭，这源于乾隆皇帝吟了首"祈雪"诗。乾隆二十二年（1757），大旱，庄稼颗粒无收，饥民扶老携幼迁徙逃亡。史载，岁末，乾隆帝出城祭祀。回城时，大雪纷飞。乾隆皇帝喜形于色，銮驾停在德胜门，乾隆帝认为这是吉兆，于是赋诗：

> 春祀还宫内，路经德胜门。
> 文皇缅高祖，渺已实无孙。
> 力取权弗取，德尊果是尊。
> 微尘郊外有，望雨复心存。
> ——《入德胜门作》，乾隆二十二年岁次丁丑仲春御笔

次年（1758），朝廷建立御制祈雪碑及碑亭于德胜门瓮城内西侧。碑亭形制为黄琉璃瓦，重檐四角攒尖顶。自此"德胜祈雪"成为京城一景，也被称为"德胜石碣"。碑亭与碑可能被毁于20世纪50年代初，1953年拆除瓮城内的真武庙以后，就再没见有碑亭了。

1　1900年，德胜门城楼西北瓮城外。图为八国联军侵占北京时的日本工兵合影，虽然背景里为德胜门城楼，但这张图的原注释为：他们是东直门的破坏者。选自《北清事变写真帖》

2　1900年，德胜门城外的日本炮兵队。八国联军攻占北京时，他们炮击德胜门，致使城门损毁严重。选自《北清事变写真帖》

3 1912年前后，德胜门箭楼西面，可见瓮城外的护城河、石桥

4 1920～1921年，德胜门箭楼南面，环城铁路道口，由城门洞向北拍摄[（瑞典）奥斯伍尔德·喜仁龙]

5 1916～1918年，德胜门城楼，脊瓦已经全部掉光。德胜门内斜街果子市[（英）唐纳德·曼尼（Donald Mennie）]

6　20世纪30年代中前期，德胜门箭楼西面（山面，城台上）。箭楼经过修缮，整固如新

7　1959年，德胜门航拍（上北）。可见内城北垣、护城河，城内什刹海、城外太平湖，以及城门内外的街道走向。箭楼离未来的二环路较远，所以后来未被拆除

8　2017年，德胜门箭楼下东侧面。[陶然野佬摄]

9　2017年1月15日，作者登箭楼看"城防文化"展。图为箭楼上收藏陈列的"德胜门"三字石匾芯，过去镶嵌在城楼北面[陶然野佬摄]

10 同为"城防文化"展。箭楼上收藏陈列的城市规划专家郑孝燮先生于1979年2月14日写给陈云同志的"建议保留德胜门箭楼"信的影印件

东直门

东直门小传

东直门位于北京内城东垣之北,原为元大都之正东门崇仁门。明初建北平城,废元大都东之北光熙门、西之北肃清门,此门即成为明北平城东之北门,仍沿用元大都旧称崇仁门。

靖难之役后,燕王朱棣在金陵(应天府)登上明朝帝位,废建文年号,改建文四年为洪武三十五年,建元永乐。登基仅5个月后,便

清乾隆十五年《京城全图》上的东直门图

接受礼部尚书李至刚的建议，决定把都城由金陵迁往北平，遂改北平为北京，升北京为京师，府为顺天。改原京师为南京应天府。永乐十八年（1421）北京宫殿成，朱棣于次年正式移驾北京。

在永乐帝决定迁都后，北京城就开始了大规模的营造工程，仿南京宫殿制度营建北京宫城，规模更有甚之。北京城垣加高、加厚，并全部包砌城砖，北京城九门重新命名。东垣之北门取"东方盛德属木，为春"和"直，东方也，春也"（《太玄经》）之意，定名为东直门。

东直门城楼，东向，与面朝正西的西直门遥相呼应，是一对姊妹门，两门城楼形制相同。到20世纪逐步被拆除之时，基本上都是清朝中期修葺后的遗物。楼宽（墙体）26.7米，深10.7米，墙体厚1.2米；廊面阔（下层檐柱）31.5米，进深15.3米；下层24根檐柱，上层16根檐柱；三滴水重檐歇山顶，灰筒瓦绿琉璃瓦剪边，戗脊走兽7个；城楼内两侧城墙内壁修有"八"字形登城马道。

东直门箭楼本雄踞于瓮城东端的城台之上，在1915年拆除瓮城、修通铁道后，箭楼成为一个单体建筑。该瓮城四角均为直角，与西直门瓮城规制一样，区别于其他各门瓮城为弧形环抱箭楼，所以东直门箭楼两侧的瓮城残垣较规整，一直延伸到直角拐角处，登城台阶的斜面处理较其他城门拆除瓮城后的箭楼和谐得多。屋顶形制为灰筒瓦绿琉璃瓦剪边重檐歇山式，面阔7间，后出抱厦5间，抱厦顶是单独的单檐歇山式，楼连台通高30米。对外的三面墙体上下共设4排箭窗，正东面每排12孔，两侧面每排4孔，后抱厦两侧面各1孔，总计82孔。

东直门瓮城闸楼位于南侧瓮城墙体上，灰筒瓦硬山式，内设千斤闸，闸楼下辟有券洞门，为进出瓮城的孔道。

东直门外有铁塔（东直铁塔），瓮城内有一座石雕的药王爷像（东直雕像），可谓"镇门之宝"。东直铁塔在东直门外东边不远处的"铁塔寺"内，矗于两层楼高八棱砖台上，是一座覆钵式铁塔，俗谓"塔高矗半空"。塔中祀像传说为一胡僧肉身，坐化于此。另也有传言这是明建文帝遗像，实无考据，不过此说颇为流行。铁塔大约在20世纪70年代被拆除。东直雕像是瓮城关帝庙中的药王雕像，极为精细，百姓认为他能保佑自己身体健康，百病不染。过去的砖窑多设在东直门外，从南方运来的木材也从东直门进城，所以运砖瓦、木材的车辆多走此门。东直门又有"商门（交易之门）"之称，平民在此做些小买卖，皇上从不涉足此门。

1915年修环城铁道时拆除了瓮城和闸楼；1930年箭楼因失修被拆除；1958年为了交通方便，在城楼北侧扒开了豁口；1958年拆除箭楼城台；1965年规划修环城地铁，城楼最终被拆除。至此东直门仅作为一个地名被留存了下来。

1 1860年,东直门北面全貌,以及迤北内城东垣外壁、墩台、护城河〔(英)费利斯·比托〕

2 1916年,修建环城铁路后的东直门全貌(南面)。这张照片较常见,但多被媒体误认为朝阳门。由箭楼端瓮城残墙的直角和东直门外香河园自来水厂的烟囱,即可辨认出这里是东直门

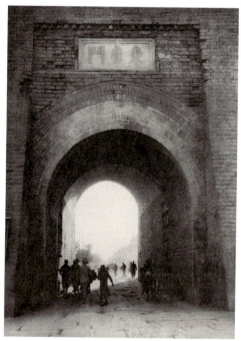

3 4 | 5

3　1917年，东直门城楼东南面，瓮城刚刚拆除 [(美) 西德尼·甘博]

4　1920~1921年，东直门城楼门洞东侧。门额石匾上"东直门"三字清晰可见，券顶"五伏五券"的做法亦清晰可辨，凹凸不平的石路面显示着岁月沧桑 [(瑞典) 奥斯伍尔德·喜仁龙]

5 1920～1921年，东直门南面，打通瓮城后，可见东元煤栈的招牌［（瑞典）奥斯伍尔德·喜仁龙］

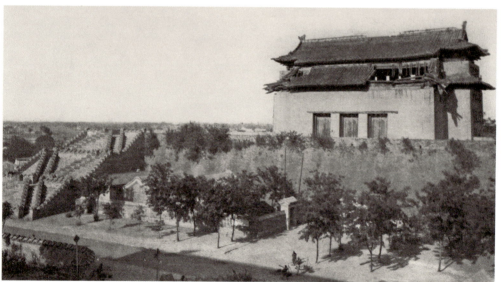

6 1920～1921年，东直门箭楼及瓮城外护城河 [（瑞典）奥斯伍尔德·喜仁龙]

7 1920～1921年，东直门箭楼西面（原瓮城内），后抱厦顶已坍塌，主脊断毁，一派颓败景象 [（瑞典）奥斯伍尔德·喜仁龙]

西直门

西直门小传

西直门位于北京内城西垣之北,原为元大都和义门,明初改建北平城,废元大都东之北、西之北的光熙、肃清二门,北垣南移5里,此门即成为北平城西之北门,仍沿用元大都旧称和义门。

和义门是元朝至元四年(1267)世祖忽必烈在金中都旧城东北营建新城时开始建造的,为大都西垣之中门。元大都各城门命名都与《易经》卦象有关,和义门取"西方属秋,属义之理"而得名,并

清乾隆十五年《京城全图》上的西直门图

将方位与五常对应（荀子有东、西、南、北、中五方比对五常之仁、义、礼、智、信之说），故"和义"为西方，并与东方之"崇仁"对仗。永乐十七年（1419），和义门修缮后改名西直门，直为"有理"，理直即为"义"（出自《左传·僖公二十八年》中的"师直为壮"），故得名。

西直门是京城九门除正阳门外规模最大的一组城门建筑。另外，西直门还是明清两代自玉泉山向皇宫送水的水车必经之门，因此有"水门"之称。在瓮城门洞中刻有一块水纹汉白玉石雕，当时北京人皆知"西直水纹"。

明正统元年（1436）英宗下令修京师九门城楼，正统四年完工。元大都瓮城门开在正对城门的瓮城最外侧正中，瓮城门外护城河上是木制吊桥，没有箭楼。明朝整修西直门时，将原瓮城埋压在新建的瓮城之下，在原瓮城门的位置建起了巍峨的箭楼，原瓮城门被包砌在了箭楼城台之中，这是在533年后拆西直门时才被发现。明朝的瓮城门洞开在瓮城的南侧墙体上，并在门洞上修建了闸楼，安装了千斤闸，这千斤闸一旦放下封闭门洞可是比吊桥牢靠。另外，木质吊桥也改建成了坚实的石桥。

史书中关于西直门修缮的记载有：明万历四十六年（1618）大风毁坏西直门城楼后修缮；清乾隆五十四年（1789）大修西直门城楼、箭楼；光绪二十年（1894）修西直门至颐和园石板路，同时修缮西直门城楼，后因甲午中日战争爆发，工程未及完工即告中断；1950年西直门城楼、箭楼及瓮城得到中华人民共和国政府修缮。直到1969年因计划修建环城地铁而将西直门城楼、箭楼、瓮城等全部拆除时，在箭楼下发现被包砌在箭楼城台内的元大都和义门瓮城门，后人才对西直门的前世今生有了一个直观的认识。但是，如此珍贵的城市建筑文物遗迹，经五百余年重见天日后，只存在了数日，即被彻底毁灭，令人扼腕。

西直门与东直门是一对姊妹门，两门城楼建筑群形制相同。到20世纪被拆除之时，是北京城当时保存最为完整的一组古代城门建筑群，城楼、箭楼、瓮城，以及比邻城墙等虽失修饰，但是完好。不同凡响之处，根据喜仁龙《北京的城墙和城门》中的描述可见一斑："无论从哪个方向观看，西直门都显得气象不凡。沿通往城门的宽阔街道接近城门时，远远就可以看到耸立于一片样式相同的低矮建筑之上的巍峨门楼，那些排列在街道两旁的低矮建筑，多是带有格子窗和格子门的别致的老式房屋，形制较小，因而把城楼衬托得格外高大和雄伟。从城外接近此门时，但见方形瓮城和箭楼在四周赤裸的地面上拔地而起，颇具城堡气概，给人留下深刻印象。瓮城长而直的前墙有力撑持着雄伟箭楼，它们给人的印象比城门处（瓮城城角在此处呈弧形）更苍劲、更雄伟。城门的侧面，尤其是南侧面，最清楚地展示出整个建筑群的规模。门楼与略低于它的箭楼，配合得十分协调；两楼线条笔直，轮廓鲜明，造型遒劲有力，倒映在城下池塘（作者按：护城河）中，更增强了气势磅礴的效果。"

西直门城楼，台基底宽40.9米，城台顶进深24米，城台高10.75米，内侧券门高8.46米，外侧券门高6.3米。城台内侧左、右马道宽5米，城楼面阔5间，连廊面宽32米，进深3间，连廊通进深15.6米，楼连台通高32.75米。下层檐柱24柱，上层檐柱16柱。三滴水重檐歇山顶，灰筒瓦绿琉璃瓦剪边，戗脊走兽7个。

西直门箭楼，面阔7间，规制与内城其他门箭楼基本相同。内侧庑座面阔5间，楼连台通高30米，俯视呈"凸"字形。屋顶形制为灰筒瓦绿琉璃瓦剪边重檐歇山式，面阔7间，后出抱厦5间，抱厦顶是单独的单檐歇山式。对外的三面墙体上下共设4排箭窗，正东面每排12孔，两侧面每排各4孔，后抱厦两侧面无箭窗（这是西直门箭楼区别于其他各门箭楼的显著特点），总计80孔。

瓮城为方形，东西长62米，南北宽68米，瓮城内东北角建有关帝庙。在瓮城南墙辟有一瓮城门洞，门洞上建有单檐硬山顶闸楼，有两层12孔箭窗，与城门方向成曲尺形，以利屏蔽城门。城外护城河石桥建在瓮城外，正对箭楼。

1　1909年，西直门北侧新建的西直门火车站停车场南向（京张铁路）[（美）托马斯·克劳德·张伯林（Thomas Chrowder Chamberlin）]

2　1909年，西直门箭楼西侧护城河桥外的京张铁路道口[谭锦棠摄]

3	4
	5

3　1916~1918年，西直门大街西向，画面最远处依稀可见西直门城楼的歇山顶［（英）唐纳德·曼尼］

4　1920~1921年，西直门城楼南面，城墙内侧南马道［（瑞典）奥斯伍尔德·喜仁龙］

5　1920~1921年，西直门南面全貌及护城河［（瑞典）奥斯伍尔德·喜仁龙］

6　1929年5月26日，西直门城楼内侧。孙中山灵柩由暂厝处北京香山碧云寺起灵，行经西直门内，前往前门火车站登上专列，奉安南京中山陵

7　1930年前后，西直门箭楼南侧。瓮城外尘土飞扬，画面可见道路、摊铺、马车和行人。选自 Collection of Photographs of China [（英）格雷戈里（Stanley O. Gregory）]

8　1959年，西直门航拍（上北）。可清晰看到京城西北城角走向和长河（高梁河）、护城河走向，可见城外的太平湖、西直门火车站、北京铁道学院（今北京交通大学）、北京展览馆（由苏联展览馆更名而来），以及完整的西直门瓮城、城楼、箭楼、闸楼和城墙

9　1969年，西直门即将被拆除

10 11

12

10 1969年，拆除西直门时，发现了包砌在箭楼中的元大都和义门瓮城门，遗憾的是，它们重见天日两天后被拆除

11 1969年，西直门瓮城南侧闸楼被拆除，露出了千斤闸仓

12 1980年12月22日，西直门立交桥通车，这是北京首座三层立交桥，中心位置大概在原瓮城的中心。此桥寿命仅维持了不足20年，1999年即被拆除重建。此照为向南拍摄

朝阳门

朝阳门小传

朝阳门是北京内城东垣之南门，原为元大都东之南门齐化门。明初改建北平城，废元大都东、西之北光熙、肃清二门，故北平城东垣、西垣仅剩二门，无中门。此门即成为明北平城东之南门，仍沿用元大都旧称齐化门。

元至元四年（1267），忽必烈下令修筑新城大都时，在夯土城墙上所辟十一门仅有城楼。元至正十九年（1359），诏京师十一门皆筑

清乾隆十五年《京城全图》上的朝阳门图

瓮城，造吊桥，是时大都十一门始有瓮城吊桥，瓮城门居中正对吊桥。齐化门的命名与平则门相对，齐为齐家，化乃教化、归化，"齐化"表达的是治民之理念。元朝虽为蒙古人的朝廷，但是典章制度大多出于汉人与色目人之手，中原文化影响深远。

明正统元年（1436）重修京城九门，工程从正统二年正月开工，至正统四年四月竣工。扩建了九门的城楼；完善规制，在瓮城月墙开辟门洞修建闸楼，加装千斤闸；改变了瓮城门居中、护城河上设吊桥的旧防御格局，在原瓮城门的位置增筑箭楼，但箭楼城台下不设门洞，所有吊桥均改建为石桥。工程结束后，齐化门改称朝阳门。洪武年间金陵城（应天）十三门中就有东门朝阳门，北京重将"朝阳"之名冠于东垣之门，也有隐喻恢复洪武旧制和传承有序之意。"朝阳"有两重意思，一是朝阳门在东方，由城内望去，是朝着太阳的方向；二是从城外进城的人，则是朝着皇帝的方向，皇帝贵为天子，朝拜皇帝也叫作"朝阳"。

从东直门南小街到朝阳门南小街，沿街东侧直至东城垣，由北向南分布着从北新仓到禄米仓等号称"九仓"的皇家仓廪。九仓之粮皆从此门运至，故此，瓮城门洞内刻有谷穗一束，逢京都填仓之日，往来粮车络绎不绝，"朝阳谷穗"为漕运的终点见证。按方位，朝阳门又可称为"杜门"（休憩之门）。

朝阳门虽是休养生息之门，但又是历史上进攻者集中攻击的城门。明末皇太极曾率清军打到朝阳门下，为入主中原张本，先声夺人；吴三桂请清军入关，多尔衮进占北京，也是从朝阳门进入的；1860年第二次鸦片战争，英法联军于通州八里桥之战大败清军，长驱直入打到朝阳门攻占北京，进北京如入无人之境，守城清军没了踪影，又找不到皇帝，听说皇帝在圆明园，就杀到西郊，这时咸丰帝早已逃往承德避暑山庄。因为大清国囚禁使团之地就在圆明园，联军气急败坏之下就把皇帝的夏宫和西郊皇家园林烧掠殆尽；1900年庚子之变，日本兵攻朝阳门，把箭楼轰了个稀烂；好不容易重建了，1937年日本兵又来了，在城门楼上耀武扬威，没到日本人投降，箭楼顶的二层檐又塌了。

朝阳门城楼形制与阜成门相同，并与之相对应，但其各部位尺寸要略大于阜成门城楼，在细部存在些许差异。朝阳门城楼面阔7间，楼宽27.5米，廊面宽32米，进深3间，楼深13米，通进深17米；楼连台通高32米。三滴水重檐歇山式，灰筒瓦绿琉璃瓦剪边，戗脊走兽（小跑）7个。一、二层廊柱均为20根，二层平座四角另有擎檐柱4根，支撑着二层重檐的四角。城楼于1903年进行了全面修饰，损毁的全部内外构件都得到了更换，使北京城门楼的巍峨雄伟、壮观华丽得到了完整体现。这从整修后的照片上可一览无余。1953年5月，为改善交通，北京市政府向中央写报告，要求将朝阳门、阜成门，以及东四牌楼、西四牌楼和帝王庙前的牌楼拆除。5月9日中央批复同意把朝阳门和阜成门的城楼及瓮城拆掉，交通取直线通过。1957年4月29日，朝阳门城楼拆除完毕。

朝阳门箭楼，形制略与宣武门同，箭楼修筑于凸出瓮城的城台之上，正面俯瞰着护城河桥。箭楼自城台基部向上有较明显的收分，城台之上楼体基部宽35米，顶部宽度略小于32米，楼高17米，楼连台通高30米。箭楼主体进深21米，背面接后抱厦进深6.8米，楼连后抱厦通进深27.8米，后抱厦宽25米，楼与后抱厦的侧墙相连，后抱厦在箭楼主体宽度的基础上，两边各缩进了3.5米，形成拐角。箭楼正面辟箭窗4排，每排12孔；两侧面各辟箭窗4排，每排4孔；后抱厦两侧面各辟1孔箭窗，总共为82孔箭窗；重檐歇山式灰筒瓦绿琉璃瓦剪边，主体与抱厦顶的处理同内城其他各门箭楼。箭楼所在的中心位置与其他门无异，但非常特殊并令人费解的是箭楼横向轴线并不与城楼平行呈南北向，而是偏向西南－东北向大概15度（有照片为证），也就是说箭楼是斜的。本人对此也没有找到相应的记载和解释，还有待探讨。

1900年庚子之变，朝阳门箭楼被日军炮火轰塌，1903年复建，1906年竣工。1915年修建环城铁路，拆除瓮城与门楼，箭楼成了一单体建筑。1957年被彻底拆除，至此朝阳门痕迹荡然无存，成为历史的一个记忆，只有名称作为地名被留存下来。

朝阳门瓮城宽74米，深65米。闸楼开在北侧月墙，与东直门闸楼遥遥相对。闸楼为硬山式灰筒瓦顶，外侧设箭窗2排12孔，内设千斤闸，下面辟闸楼门洞。关帝庙建在瓮城内西北角，坐北朝南。

以上测量数据引自喜仁龙《北京的城墙和城门》。其中有一段文字（1984年汉译本）描绘1922年的朝阳门城楼，颇可平添一番想象，特录于此："内外二楼二十年前（1902年）曾经修葺，义和团运动时，遭围攻北京的俄、日军队的炮轰而致严重损坏。城楼虽尚未开始糟朽，但彩画已褪色，某些处的干燥漆层也开始剥落。屋顶上的绿琉璃瓦仍然保存完好，给建筑物增添了一种绚丽色彩。从街道上远望，正楼全景在前面青枝绿叶的陪衬下，楚楚动人，颇为悦目。"

从元代开始直到民国，朝阳门一带都是经济繁盛之地。出朝阳门往东约1公里就是著名的北京东岳庙，顺官道继续东行约20公里可达通州，以及京东各地，所以朝阳门以及城外关厢就是往来商贾、贩夫走卒云集之地，商旅络绎不绝，最为热闹。

朝阳门关厢的热闹主要得益于京杭大运河，这里是漕运的必经之门，经大运河运达北京的南方粮米，在通州或东便门卸船装车，通过陆路经朝阳门进城。因此，朝阳门下车水马龙，如此商机，各行各业都争相在朝阳门关厢开设店铺了。

老北京人有一个念旧情结，像齐化门改名朝阳门已经五百年了，可是过去老北京城的百姓口中说出来的还是"齐化门"。甚至刻意要叫"齐化门"，这透着一股亲切、传统和乡土味儿，不叫"齐化门"不足以说明您是老北京。有此体现的还有"平则门（阜成门）""顺承门（宣武门）""哈德门（崇文门）""彰义门（广安门）"等。这种现象到改革开放才彻底改观，因为人口结构发生了翻天覆地的改变，老北京人在北京已成了少数派。来自各地的人摩肩接踵，没了再叫"齐化门"的土壤，您跟人家说"齐化门"，可也得有人知道是哪儿啊。

1 1900年，八国联军进攻京城时被日军炮轰塌毁的朝阳门箭楼东面。选自《北清事变写真帖》

2 1900年，八国联军进攻京城时被日军炮轰塌毁的朝阳门箭楼西南面（背面）。这张照片是在瓮城南月墙上向东北方向拍摄的。选自《北清事变写真帖》

3　1901年，朝阳门城楼东面，由箭楼上向西拍摄，城楼二层站着一个联军军官。此时城楼已破旧不堪，琉璃脊瓦、吻兽和木围栏等构件几乎掉光。国家典籍博物馆展品

4　1906年，朝阳门城楼西面（城里）。城门修复工程竣工，城门楼整饬一新，城门里街道上随处可见行人、车马［(法) 菲尔曼·拉里贝（Firmin Laribe）］

5　1907年，朝阳门城楼西南面（城里），城楼和城墙已经过修葺，可见城楼内侧的南马道、城墙上的堆拨房和旗杆。城根的房舍非常破旧，山墙已塌毁

6　1920~1921年，朝阳门城楼西北面（城里）[（瑞典）奥斯伍尔德·喜仁龙]

7　1920～1921年，朝阳门箭楼东面及护城河。该图是在瓮城外护城河东沿儿向西偏北拍摄的，能看见箭楼下建起了"京师朝阳税局"的二层小楼。原插图标注"An Ting Men（安定门）"为误［(瑞典)奥斯伍尔德·喜仁龙］

8　1924年，朝阳门城楼西面（城里）［(美)西德尼·甘博］

9　1930年前后，朝阳门箭楼东面。箭楼外的二层小楼中间外墙上镶的砖匾字迹像是"京师朝阳税局"

10　1932～1936年，朝阳门箭楼东北面，瓮城外及其外面的护城河。选自《亚细亚大观》

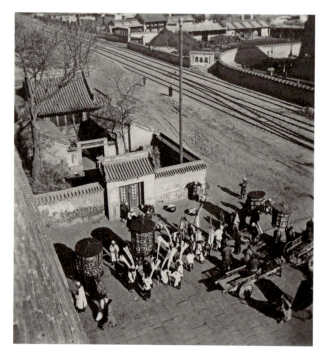

11 1933年,朝阳门城楼东面,一支送殡出城的队伍走过环城铁路道口 [(德)赫达·莫理循]

12 1933年,朝阳门城楼东面,送殡队伍走出城门洞,这张照片是由城楼上俯拍,可以看到关帝庙还完好无损,瓮城原址已被铁道占据 [(德)赫达·莫理循]

13 1933年,朝阳门箭楼东侧,朝外关厢。原注释:婚礼队伍吹奏着乐器、抬着轿子经过城门附近的商铺[(德)赫达·莫理循]

14 1933年,朝阳门内送殡队的儿童手举纸扎雪柳列队于道路两侧[(德)赫达·莫理循]

15 1933年，朝阳门迤南城墙与护城河，北山历历在目 [（德）赫达·莫理循]

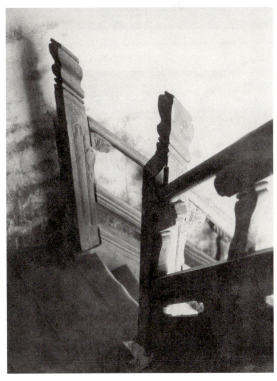

16 20世纪30年代中前期，朝阳门城楼二层内部楼梯口

17 20世纪30年代中前期，朝阳门城楼楼梯拐角平台

18 20世纪30年代中前期,朝阳门城楼楼梯

19 20世纪30年代中前期,朝阳门城楼南面二层廊角处里侧斗拱、梁柱、檩条,以及门簪等细部

20 20世纪30年代中前期，朝阳门城楼内部楼梯口（一层）。画面中戴礼帽、穿长衫的先生想来一定是热爱北京城门楼的人士，这组照片的作者可能就是他了，至少是参与了创作。在此向他致敬！看年纪现在（21世纪10年代）也应该是百岁老人了，不知他老人家是否健在？这位先生为我们留下了难得的北京城门影像，尤其是朝阳门和安定门的城楼、箭楼内外结构，并且拍摄得都很专业

21 20世纪30年代中前期，朝阳门城楼内部楼梯口（二层）

22 20世纪30年代中前期，朝阳门城楼南外立面（山面）

23 20世纪30年代中前期，朝阳门箭楼南外立面（山面）

24 1936年，朝阳门箭楼西南面，环城铁道边的煤栈。[（美）皮肯斯（Pikens）]

22 23
24 | **25**

25 1940年，朝阳门航拍，可看出朝阳门箭楼是斜的 [（日）志波杨村]

26 1946年，朝阳门箭楼北侧，下层檐已部分塌毁 [（德）赫达·莫理循]

27 1952年，朝阳门城楼东面，环城铁路道口。公共汽车是从匈牙利进口的伊卡鲁斯大客车，其间还有美国产的道奇客车

阜成门

阜成门小传

阜成门位于北京内城西垣之南，元朝为平则门，与朝阳门（齐化门）东西遥遥相对。"平则门"之名沿用到明正统年间，正统四年（1439）重修，正式改名"阜成门"。阜成门为通往京西之门户，明清及后来很长时间，城内所需煤炭皆由此门运入。

忽必烈得燕，大都辅成，十一门雄峙，西之南门名平则。"平则"取"称物平施，不违则也"（《易·象传·谦卦》：君子以裒多益寡，

清乾隆十五年《京城全图》中的阜成门图

称物平施），即"平天下"之意；"则"即为准则。平则门与齐化门东西遥相呼应，分别为大都西垣和东垣的南门。明初内缩北垣，废大都东、西垣之北门，保留东、西垣之中门和南门。明北平城改建后，唯此四门仍保留元大都城门位置没变，北垣、南垣五门的位置都向南平移了。平则之名入明之初仍然沿用，直到正统年间重修九门才改名"阜成"，典出《尚书·周官》中的"六卿分职，各率其属，以倡九牧，阜成兆民"，取使富厚安定之意。

阜成门至朝阳门一线，在民国曾是贯穿内城东西的主干道。明清两朝内城中部是皇城，平民百姓是不能随便穿过的，所以清朝以前，进阜成门往东走，过西四牌楼就抵西皇城根了。流传下来的一段童谣就是说这段路："平则门，拉大弓，前面就是朝天宫；朝天宫，写大字，过去就是白塔寺；白塔寺，挂红袍，过去就是马市桥；马市桥，跳三跳，过去就是帝王庙；帝王庙，摇葫芦，过去就是四牌楼；四牌楼东，四牌楼西，四牌楼底下卖估衣。"北京朝天宫位于阜成门大街靠西头路北，是明宣德年间所建，仿南京朝天宫样式建成，明代为道录司所在地，规模宏大，为当时北京最大的道教宫观。明天启六年（1626）六月二十日一夜大火，十三重殿宇全部被焚毁。后来再没有重建，现在总算还留下了"宫门口""西廊下""东廊下"等地名。"马市桥"就在今白塔寺路口的中央，明清时这里是条南北向的河，称为"河槽"，后来盖上板儿就叫"北沟沿"了。抗战光复后，北沟沿北段改名赵登禹路，南段叫太平桥大街。

阜成门城楼形制与朝阳门同，城楼坐落在石台基上，台基微高于城身，长33米，宽18.8米，楼身宽27米，深13米。廊面阔7间，进深3间，每面中间两柱跨度较大，以对应四周的门。城楼通高（包括屋脊）为21.2米，三滴水重檐歇山式，灰筒瓦绿琉璃瓦剪边，戗脊走兽7个。上下层外楼面廊柱各20柱。

阜成门箭楼位于瓮城西端，面阔7间，通宽32.5米，进深5间，楼连台通高30米。后出抱厦宽5间，通进深27.8米。灰筒瓦绿琉璃瓦剪边重檐歇山式，对外的三面墙体上下共设4排箭窗，正西面每排12孔，两侧面每排各4孔，后抱厦两侧面各1孔，总计82孔。

瓮城东西长65米，南北宽74米，即内外楼轴线距离短于两月墙间的距离。瓮城券洞门开在北月墙上，闸楼为硬山式灰筒瓦顶。关帝庙建在瓮城内东北角，坐北朝南。

京西门头沟煤矿的运煤车多出入阜成门，故瓮城门洞内由煤栈客商募捐刻梅花一束记之，取"梅""煤"谐音，并有梅花报春之意，人称"阜成梅花"。

阜成门瓮城没有因修环城铁路而拆除，至20世纪30年代前期，整个城门建筑群都还是完整的。但箭楼由于失修，已破败，濒于倾圮。因无力修缮，箭楼于1935年被拆除，但城楼和瓮城还是保留着。1953年箭楼城台及瓮城被拆除，1965年城楼被拆除。

1　20世纪初，阜成门箭楼东南面瓮城外 [（美）威廉·埃德加·盖洛（William Edgar Geil）]

2　1915年前后，阜成门箭楼西面和阜外关厢

此照片多被辨为宣武门箭楼。北京内城的箭楼规制样式基本相同，从外观上看，差别要小于城门楼，但是细部还是有差异的。除从光影上辨别位置外，通过护城河桥头附近的关厢建筑也可辨别。从行人发式看，有留辫子的，也有剪了辫子的，照片拍摄的年代应是刚入民国；从"仁丹"广告看，可判定是入民国后的20世纪10年代中期。宣武门箭楼前，护城河桥内沿是有铁道通过的，道路是连接内外城的干道，应较开阔。前三门的箭楼规制虽与其他门相同，但体量上要更高大雄伟些。阜成门与朝阳门是一对姊妹门，关厢商铺均较多。从光影看，显然不是北垣和东垣的箭楼。西直门箭楼顶坡要缓于阜成门箭楼。另外，通过正脊南侧鸱吻外端有损（与喜仁龙1920年箭楼正面照片比对），以及飞檐檐角的损毁程度综合分析，可以判断画面中的箭楼应是阜成门箭楼。

1	3	4
2		
	5	

3　1917～1919年，阜成门城楼西面瓮城内，由瓮城东月墙上向东南俯拍 [（美）西德尼·甘博]

4　1916～1918年，阜成门瓮城门洞外侧 [（英）唐纳德·曼尼]

5　1920～1921年，阜成门城楼西面（瓮城内）[（瑞典）奥斯伍尔德·喜仁龙]

6　1920～1921年，阜成门城楼北立面（山面）[（瑞典）奥斯伍尔德·喜仁龙]

7　1920～1921年，阜成门箭楼东北面，在瓮城北月墙上拍摄[（瑞典）奥斯伍尔德·喜仁龙]

8　1920～1921年，阜成门西南面，瓮城外护城河［（瑞典）奥斯伍尔德·喜仁龙］

9 | 1920～1921年，阜成门瓮城外箭楼北面瓮城城根下的摊贩 [（瑞典）奥斯伍尔德·喜仁龙]

10 | 1920～1921年，历代帝王庙前"景德街"西牌楼西向，远处可见阜成门城楼 [（瑞典）奥斯伍尔德·喜仁龙]

11 1932～1935年，阜成门城楼东面（城里）。二层北侧擎檐柱已修复，护栏未修复

12 | **13**

12 1945年,日本投降后,美军航拍北平。可见阜成门、妙应寺白塔、中央医院、历代帝王庙(西向),以及中央医院北侧的平民中学

13 1945年,日本投降后,美军航拍北平。画面中为阜成门大街、北沟沿(赵登禹路,西向),由远而近依次可见阜成门、妙应寺白塔、中央医院、景德街牌楼,以及中央医院北侧的平民中学

14 1946年,阜成门城楼门洞外侧,出城的送殡队伍 [(德)赫达·莫理循]

15 1946年,阜成门瓮城内城楼门洞和道边的缸瓦市 [(德)赫达·莫理循]

16-17 1957年,阜成门城门洞前(原瓮城内,此时瓮城已拆除)。卖艺人在表演胸口碎大石和打把式 [(法)马克·吕布(Marc Riboud)]

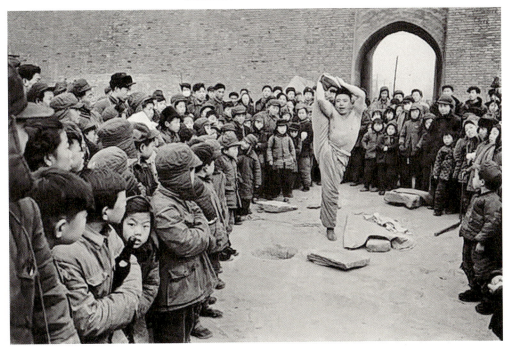

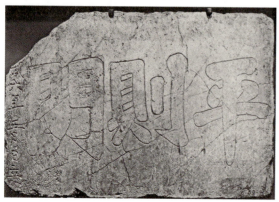

18 1964年,阜成门迤南护城河,已看不到城墙。拍这张照片的第二年,阜成门城楼被彻底抹去,护城河也没了

19 明初北平城平则门石匾额,题"洪武六年五月日立"。平则门于正统四年(1439)改名阜成门。现收藏于北京石刻艺术博物馆(五塔寺)[陶然野佬摄]

崇文门

崇文门小传

崇文门为北京内城南垣之东门。明永乐初年决定迁都北平后，大规模营建北京城时，废元大都南垣，南拓约1公里重新建成内城南垣。元大都南垣原有三门，南之东为文明门，南之西为顺承门，南之中为丽正门，崇文门为文明门南移重建之门。初沿用元大都文明门之名，明正统年间重修九门，增修箭楼、闸楼和瓮城门洞，取《左传》

清乾隆十五年《京城全图》
上的崇文门图

"崇文德焉"之典改名崇文门。"崇文"与"宣武"之名，还充分体现出了皇权的空间结构布局，即"左文右武"。可比勘的还有东江米巷（后改称东交民巷）的"敷文"牌楼和西江米巷（后改称西交民巷）的"振武"牌楼，千步廊左右分列文衙武厅；紫禁城的"文华殿"和"武英殿"也是这种布局。此外，皇帝上朝，百官列于殿前，也是文官在左，武官在右。当年北京城外东南一带有很多酿酒作坊，所以崇文门多走运酒车。按《易经》方位来说，崇文门踞南东，是"景门"，属火，有光明、昌盛之门的含义，其标志是镇海的崇文铁龟。

元朝的文明门，在民间又俗称哈达门、哈德门。《日下旧闻考》引《析津志》（元人熊梦祥撰，熊梦祥，江西丰城人，人称松云道人。元末任白鹿洞书院山长，授大都路儒学提举、崇文监丞）云："哈达大王府在门内，因名之。""哈达"又音转为"哈德"，于是哈德门之名一直流传至今，哈德门牌香烟众所周知，现在崇文门路口东南处尚有哈德门饭店。在元朝时，哈达门这种称呼，就已超过了正式名称文明门。一些读书人在写作时，认为"哈达"不够文雅，一方面利用它的谐音，一方面参考文明门在南城东端的地理位置，写成"海岱门"。明朝人蒋一葵《长安客话》云："泰山、渤海俱都城东尽境，元时以'海岱'名门取此。"海，即渤海、东海；岱，即岱宗，海岱，即指渤海至泰山之间的地带，位于东方，解释尚通。到了清乾隆时有杨从清著《北京形势大略》云："（崇文门）又曰海岱，言山陬海澨皆梯航纳贡，税课司在焉。"把"海岱"解释为"山陬海澨"，即山隅海边，也是东尽之意。但不管对"海岱"二字的解释如何，明清的文人雅士往往不用"文明""崇文"，而用"海岱"。有诗为证，如明人卓明卿《登崇文楼》诗："城头初夜净氛埃，海岱分明望眼开。紫气半空时入座,秋声万里此登台。"清《白华堂诗录》:"海岱瞻门高,风尘苦身贱。",等等。

崇文门有"税门"之称,从明弘治六年(1493)起朝廷即在此设立税关,对过往客商征收赋税,成为明、清直至民国初年政府的重要税收来源。因此崇文门又有"天下第一税关"之称。据说河北的酿酒由南进京,得经崇文门上税,故此,崇文门常走酒车。另外,相传崇文门护城河桥东北有一铁龟,用于镇持此处海眼,保得一方平安。

从元到清一直有达官名士居住在崇文门一带。如《宸垣识略》载,元朝御史王俨在文明门外东南里许,筑有别墅,"园池构筑,甲诸邸第",更有一座"水木清华亭",尤为出众。时人云,登上此亭"北瞻闉阇(城楼),五云杳霭;西望舳舻(护城河上船只),泛泛于烟波浩渺、云树参差之间"。可见当时文明门附近的盛况。雍正皇帝赐东阁大学士加太子太保刘统勋(刘墉之父)的御制诗中说他家是"海岱高门第"。《水曹清暇录》记有名书法家张照(字得天)也住在崇文门外,"屋宇宏深,有楠木厅",极为讲究。清代的崇文门,已不是元大都的南城郊和明朝初期的都城最南端,而是变成很热闹的内外城进出孔道。到清末,东江米巷南北成为使馆界(江米巷也叫成了交民巷),洋人活动频多,崇文门内外店铺林立,南北通衢,车水马龙。

崇文门城楼与宣武门城楼规制相同,体量均大于东、西、北各垣城门,略小于正阳门城楼,为三滴水重檐歇山式楼阁建筑。上下两层均为面阔7间,进深5间,楼宽28.7米,进深14.4米,廊面阔33.4米,进深18.8米,城台以上楼高25米,楼连台通高将近40米。上下层檐柱均为24柱,二层廊四角的翼檐下各有1根擎檐柱(戗柱),戗脊走兽(小跑)7个。二层平座下的滴珠板(雁翅板)以及檐柱均油漆朱红色，斗拱和枋施彩绘。20世纪10年代末曾修饰一新，1950年瓮城及铁道券洞、箭楼城台券洞全部被拆除。为改善交通，在城楼左右两侧的城墙上各开辟了一个券洞。1966年为修建环城地铁，城楼和城墙被彻底拆除。

北京内城南垣三门面向南面，是北京内外城的通道，俗称前三门。这三门的箭楼规制与其他各城门的箭楼相同，但要显得高大雄伟些。崇文门箭楼屋顶形制为灰筒瓦绿琉璃瓦剪边重檐歇山式，重檐下与楼体的间隙略大于除正阳门以外的其他门箭楼，外观上可见有小短柱支撑着上层楼面，这与正阳门烧毁前的老箭楼形式相同。对外的三面墙体上下共设4排箭窗，正南面每排12孔，两侧面每排各4孔，后抱厦两侧面各1孔，总计82孔。箭楼在庚子之变时毁于战火，后来再没有恢复重建。庚子之变过后，箭楼重檐以上全部塌毁，是英、美军炮轰所致，后被全部拆除，瓮城的箭楼城台也被打通，修了正对城楼门洞的券洞，这使崇文门内与崇文门外的街道连成一条直线，北京城门瓮城曲折迂回的城防作用被彻底打破。与它相仿的姊妹门宣武门箭楼，也于20世纪10年代末因无力修缮而被拆除了事，笔者也未找到确切的近代测量数据。据说1903年恢复重建正阳门城楼和箭楼时，在皇家档案里也找不到原建筑的图纸和建筑数据，无奈之下只能参照崇文门城楼和宣武门箭楼的实物，加大尺寸重建。但许多细部与原建筑已经不同，也就是根本没能够原样恢复，这在介绍正阳门时再细说。

崇文门瓮城，内宽78米，深86米，瓮城门洞和闸楼辟在西月墙，闸楼为灰筒瓦歇山式，外侧（西）辟箭窗2排12孔。关帝庙建在瓮城内西北角，坐北朝南。庚子之变后，在八国联军的主导下铁路修进城，终点设在了使馆区城墙外的正阳门东，当然外国人是为了自己坐车方便。铁路要穿崇文门瓮城而过，所以拆除了闸楼和瓮城门洞，对面的东月墙也被打通，分别修建了两个双向铁路券洞，实现了铁道穿瓮城而过。这在城门洞前就形成了一个与进出城道路平交的铁路道口，过火车的时候，进出城道路只能中断。崇文门瓮城是北京第一个被"改造"的瓮城——确实是改造，并没有拆除瓮城。但是，从此就开了北京扒瓮城修铁道的先河。

崇文门的老照片较为丰富，从19世纪70年代查尔德（Thomas Child）进京拍摄，到20世纪20年代初喜仁龙来访，不同时期的作品都有呈现。加上崇文门邻近使馆区，外国人的影集里多有以崇文门为背景的照片，这使我们现在能见到多于其他城门的影像资料。但是到了20世纪30年代后期，崇文门的影像资料突然变少。是否因为1928年使馆迁往南京，外国人少了？整个日伪时期也很少，抗战胜利后大量的北平照片中也难寻崇文门城楼的影子。新中国成立后的情形倒是基本一样，各个城门的影像资料都不多。

1 1876年，崇文门瓮城西月墙、箭楼（西北面）。画面中是闸楼、洞子门（瓮城门洞）外侧 [（英）托马斯·查尔德]

| 2 |
|1| |
| 3 |

2　1876年，画面中是崇文门瓮城外西侧，城楼、箭楼、闸楼和护城河［（英）托马斯·查尔德］

3　19世纪70年代，崇文门城楼东面（城墙上）。城门楼两侧城墙上各建有堆拨房（明朝称铺舍房）

4 1898～1899年，庚子之变前，崇文门迤西城墙、护城河景象 [（日）山本赞七郎]

4	5
	6
	7

5　1901年，崇文门城楼东北面及东马道（城里），登城马道的实榻大门楼和扶手墙已毁 [（日）山本赞七郎]

6　1901年，崇文门一东交民巷使馆区东界的屋顶岗哨。外侧为各国跑马场，再外即崇文门大街，远处可见崇文门城楼。选自八国联军相册

7　1901年，崇文门城楼东面（城墙上），城门楼两侧城墙上的堆拨房（铺舍房）已被拆除。落寞的值守人望着这满目疮痍的京城 [（日）山本赞七郎]

8 1901年，崇文门大街。从崇文门城楼上向北俯拍。远处可见东单牌楼，画面左下角是教会同仁医院工地，路面仍为土路，修有排水沟，交通工具以骡马车、洋车为主 [（德）穆默]

9 1901年，崇文门瓮城内，城楼与闸楼门洞。此时被轰毁的箭楼、闸楼和城楼两侧的堆拨房（铺舍房）已拆除，铁道尚未修进城。选自八国联军相册

10 1901年,崇文门瓮城内南向,庚子之变后。箭楼已毁,城台被扒成豁口,后砌成券洞,与崇外大街连成一线,铁道横贯瓮城而过。图为摄影师在崇文门城楼上向正南拍摄[(美)伯顿·霍姆斯]

11 1901年,崇文门瓮城东侧,瓮城已被英军打通,正在修建铁路双向券洞[(美)伯顿·霍姆斯]

12 1901年，俯瞰东交民巷使馆界东区，近处有崇文门城楼、圣米厄尔教堂，远处可见内城东南角楼

13 1901年，崇文门瓮城及箭楼城台下开的券洞门。在城楼上远眺南城，高耸的天坛祈年殿在低矮的平房衬托下屹立在视野之中 [(德)穆默]

14 1905年,崇文门城楼南面,瓮城内铁道口［(日)山本赞七郎］

15 1917～1919年，崇文门城楼门洞外（瓮城内）出城的骡车［（美）西德尼·甘博］

16 1917～1919年，崇文门城楼门洞南面瓮城内，走出内城的骆驼与行人，通过门洞可看到城里同仁医院的建筑［（美）西德尼·甘博］

17 1917～1919年，崇文门瓮城内东侧双向铁路券洞（向东拍摄）［（美）西德尼·甘博］

18 1917～1919年，崇文门内东交民巷东口，外国人修的城堡式大门，口外可见崇文门城楼 [(美) 西德尼·甘博]

19 1918年，崇文门护城河桥，崇外大街。这张照片由箭楼城台上向南俯拍 [(德) 汉茨·冯·佩克哈默]

20 1920～1921年，崇文门城楼内侧西面及西马道 [（瑞典）奥斯伍尔德·喜仁龙]

21 1920年前后，崇文门城楼南面，瓮城内铁道口，城门楼已经修葺一新

22 1924～1927年，崇文门城楼北面（城里），图为崇文门大街 [（美）西德尼·甘博]

23 20世纪30年代，崇文门内南向。崇文门大街（现东单北大街和崇文门内大街）的东单牌楼已拆除，有轨电车已开通。远处可见崇文门城楼，以及使馆区的操场。选自《亚东印画辑》

24 1924～1927年，崇文门城楼北面（城里）门洞前，清洁工在向街面泼水 [（美）西德尼·甘博]

| 23 | 25 |
| 24 | 26 |

25 1933年,崇文门城楼西南面,由打磨厂东口附近胡同向东北方向拍摄 [(德) 赫达·莫理循]

26 1936年,崇文门城楼南面瓮城内的骆驼和铁道口。选自《亚细亚大观》

27 1941年，崇文门城楼南面，火车疾驶而过。选自《北支》摄影杂志，1941年8月号

28 1958年，崇文门外大街。路边是上运动课的小学生，戴红领巾的是少先队员。此时瓮城已拆除，可见崇文门城楼东侧新修的券洞，进出城这时只走两边的券洞〔（新西兰）布莱恩·布瑞克（Brian Brake）〕

宣武门

宣武门小传

宣武门为北京内城南垣之西门,是元大都南垣的顺承门南移重建之门。最初沿用元大都顺承门之名,明正统年间重修九门,增建瓮城、闸楼和箭楼,取张衡《东京赋》"武节是宣",有"武烈宣扬"之义,改称"宣武门",清朝入主后仍沿用。"宣武"之名与"崇文"相对,即"左文右武"。

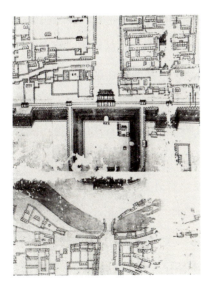

清乾隆十五年《京城全图》
上的宣武门图

宣武门外的菜市口是刑场,囚车多走宣武门,城门洞顶上刻着三个大字"后悔迟",人称"死门"。虽说从明朝就改叫宣武门了,可是老百姓嘴里还是叫着"顺承门",可写出来的则有"顺治门""顺直门""顺城门"等,因为在北京话里,三个字的城门名,中间的字都读轻声,说快了就有音变或吞音,书写时又不经考证,那就什么字都有了。

宣武门瓮城上架有火炮,昔时每日午时鸣炮,京城人以此对时,有"宣武午炮"之称。这炮最早的有明朝铸的,也有后来清朝铸的,都是欧洲传教士帮助铸造的,民国以后就都废了。

宣武门内外大街是贯穿内外城西部的南北通衢,宣武门往北直通西单牌楼,再经西四牌楼,与西直门内大街相通;宣武门外大街南达菜市口,与宣南街道相连;沿顺城街往西即达象房,经象来街与闹市口相通;民国后,象来街迤东有北洋政府的国会和众议院、参议院,这段顺城街就被叫作国会街,"文革"时曾改名叫四新路。原从元大都金水河流经这里注入护城河的这段河槽加盖儿辟出的道路叫南沟沿,日本投降后为纪念抗日将领佟麟阁,定名为佟麟阁路。路中段曾有石驸马大桥,往东有女师大(斗公府),鲁迅曾在这里教国文,往西有醇亲王南府,是光绪皇帝的出生地,后来中央音乐学院入驻。这条东西向的街原叫石驸马大街,后改叫新文化街。宣武门内迤东隔着顺城街紧临城墙的,就是南堂(天主堂),最初是利玛窦、汤若望的座堂,庚子年毁,后重建,样貌大变。宣外大街西侧曾是将军校场,后来就成了一条条的胡同,这段称为校场口;再往北点儿,有达智桥(旧称炸子桥,笔者曾住达智桥10号5年),是条短胡同,偏西路南有杨椒山祠。杨椒山,本名杨继盛,号椒山,为劾严嵩,反被嵩所害,深受后代文人举子推崇，公车上书的策源地就是这儿。但是宣武门附近的商业不如崇文门附近发达。

宣南的大片旧南城，其实是北京最早的城池蓟城、幽州城、辽南京城、金中都城之所在。忽必烈把这一片旧城舍弃在元大都城之外，到了明嘉靖年间才又将其大半包进了外罗城之内，算起来是绵延了有三千年之久。辽金的宫城中轴线就在现在的"西厢"一线。由南方经官道进京，走卢沟桥，进彰义门（广安门），大多是先到了这里。所以在宣南，各省的会馆都云集在此，历代名人故居比比皆是。琴棋书画、说拉弹唱、花鸟虫鱼、珍馐小吃、风花雪月，以及梨园伶艺、打把式摆跤的多也落户于此，文的、武的、雅的、俗的，儒释道穆，三教九流三百六十行，包罗万象。

宣武门城楼规制外形与崇文门同，但比崇文门城楼略窄，略低些。面阔5间（不含廊），通宽32.6米，进深3间，通进深23米，楼连台通高33米。重檐歇山式三滴水楼阁建筑，顶覆灰筒瓦绿琉璃瓦剪边，斗拱及枋施彩绘，檐柱、山花板、滴珠板、楼体外墙施朱红色。城楼正外立面，上下二层，均为8柱7开间（含廊）；侧外立面（山面），上下二层，均为6柱5开间（含廊）。檐柱24根，金柱8根，檐柱和金柱均有抱柱加固；老檐柱16根，附筑于砖墙里，上层各檐角下设戗柱，四周有木制护栏；戗脊走兽7个。1966年为修环城地铁，宣武门仅存的城门楼就随内城南垣和崇文门城楼一起被彻底拆除了。

宣武门箭楼规制外形也与崇文门箭楼相同，位于瓮城最南端。面阔7间，通宽36米；连后抱厦通进深21米，楼连台通高30米。箭楼为重檐歇山式，后抱厦为单檐歇山式，抱厦正脊位于箭楼后檐下，顶覆灰筒瓦绿琉璃瓦剪边，重檐下与楼体间隙略小于崇文门。正南面设箭窗4排，每排12孔；两侧面设箭窗4排，每排4孔；后抱厦两侧各设箭窗1孔，总计82孔箭窗。内外斗拱和额枋施彩绘，抱厦进楼3个实榻大门，山花板、博风板、箭窗过木及内部柱子施朱红色。整个箭楼屋顶檐角高低错落，舒展有致，建筑形象庄严硬朗，威严挺拔，美不胜收。宣武门瓮城宽75米，深83米，闸楼和瓮城门洞辟在东月墙上。瓮城内的封闭场地宽敞幽静，开有煤栈和缸瓦市，还有一些做买卖的小贩摊位。关帝庙位于瓮城东北角，坐北朝南。闸楼为单檐歇山式，灰筒瓦绿琉璃瓦剪边，外侧设箭窗2排，共12孔。箭楼与闸楼在1920年之前已被拆除，瓮城于1930年被拆除。

1 19世纪70年代,宣武门箭楼西南面,瓮城外护城河。静谧,安然,马饮护城河,这景致难得一见 [(英)托马斯·查尔德]

2 19世纪80年代,宣武门城楼南面(瓮城内)[(英)乔治·欧内斯特·莫理循]

3　19世纪90年代初,宣武门城楼南面,瓮城内拐向闸楼门洞的道路。该图片是在瓮城东月墙上向西北拍摄的

4　20世纪初,宣武门箭楼南面,护城河桥南,画面中为上斜街、香炉营路口。选自《北京照相》(1902年德文版)[(德) Dr. Wang,Leutnant Freiherr von Meerscheidt-Hllüessem]

5 1901年，宣武门城楼东北面及东马道（城里）。原注释中"Pingtsê mên（平则门）"为误 [（德）穆默]

6 1901年，宣武门箭楼南面。此时八国联军已进京，法国人已将卢汉铁路修进城，火车正从宣武门瓮城箭楼外通过。选自《气球下的中国》

8　1901年，宣武门西面全貌。此时八国联军已进京，法国人已将卢汉铁路修进城。选自《气球下的中国》

9　1903年，宣武门箭楼南面的宣武门外大街

7　1910年前后，宣武门东面全景。此时箭楼还是完好的，可见护城河桥，闸楼隐在树后，隔着城墙能看到重建的南堂顶部，以及绕瓮城外通过的铁道。这幅作品趣味十足，在不甚宽阔的护城河水上有三个女人在洗衣，有嬉水的孩童，一个穿白长衫、戴礼帽的买卖人抄近道三步跳过河，还有一个洋车夫下河洗他的泥腿子［(美) 约翰·詹布鲁恩（John Zumbrun）］

10 1910年前后，宣武门箭楼南面（内城外）。能看到铁路的设施、电线杆等，画面前方是护城河桥面

11 1920～1921年，宣武门瓮城闸楼门洞内（西）侧，闸楼已拆除［（瑞典）奥斯伍尔德·喜仁龙］

12 1920~1921年，宣武门城楼南面（瓮城内），由箭楼城台上向北拍摄[（瑞典）奥斯伍尔德·喜仁龙]

13 20世纪20年代，宣武门城楼西南面，瓮城月墙上还留有拆除箭楼后散落在瓮城城墙上的琉璃构件。一个外国人在此留影

14　15
16

14　1930年前后，宣武门城楼洞外（南）侧。门洞上镶嵌着民国后新刻的汉文石匾

15　1933年，宣武门城楼东南面。内城南垣外护城河。可见拆除瓮城后由断面改造的两个墩台，从城墙上可看到南堂的顶端［（德）赫达·莫理循］

16　1957年，宣武门城楼东南侧豁口桥，车辆由此进出城。城楼主脊东侧鸱吻尚完好，北行的公共汽车已换国产五七型大轿车，是4路小环行内环，于1959年被15路取代，从天桥商场开往动物园。无轨电车尚未开通［新华社记者］

正阳门

正阳门小传

正阳门是明清北京内城南垣之中门,位于京城南北中轴线上,也就是正南门,素有"国门"之称。因其在皇城和宫城的正前方,故又俗称"前门"。元世祖忽必烈在金中都城东北3里(约1.5公里)处

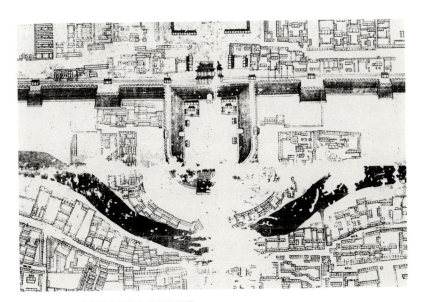

清乾隆十五年《京城全图》上的正阳门图

营建大都城，城周60里（约30公里），辟11门，丽正门为南垣正中之门。明灭元后，改元朝大都路为北平府。朱元璋封四子朱棣为燕王，食邑于此。建文元年（1399）燕王朱棣兴"靖难之役"，4年后他攫得帝位，废建文年号，将建文四年改回洪武三十五年。之后改元永乐，决定迁都北平，于永乐十七年（1419）将元大都城南垣南移2里，丽正门则移建到今正阳门的位置，当时仍称丽正门。正统元年（1436）为了加强京师的防御能力，在京师各城门外增筑箭楼、闸楼，改护城河木制吊桥为石桥，正统四年（1439）完工，丽正门正式改名为正阳门。还有一种说法：永乐十九年（1421）迁都北京后，至迟到洪熙元年（1425）间，丽正门已改名为正阳门（南京原有城门名正阳，为南垣之东门，1931年改名为光华门）。正阳门箭楼是正统四年时建成，时至今日，正阳门城楼已历六百余年，箭楼已历五百八十余年。正阳门城楼与箭楼现在处于天安门广场最南端，1988年，成为国务院第三批公布的全国重点文物保护单位。

　　正阳门因其地理位置的特殊，又在皇城的正前（南）方，明清时期正阳门除具有与其他城门相同的军事防御功能外，还是一座礼仪之门。城门本是衔接城池内外的交通孔道和城垣攻防战中的焦点，起着重要的军事防御作用，是古代城垣建筑中必不可少的组成部分，正阳门自然也不例外。但是，由于正阳门地理位置的特殊性，其军事防御功能并不明显，国门地位在明清时期更为显著。有诗云："巍巍正阳，雄峙京师。夺五城之佳气，耸九门之高标。卫皇都而拱宸居，隆观瞻以示万邦。"所以，"仰拱宸居""隆示万邦"的"国门"属性凸显。明清时的旧京百姓其实对天安门以及金銮殿是"不可望，不可即"的，但对于正阳门可是亲切无比。因为这里百姓可及，是皇家和百姓连接的地方，正阳门瓮城里的观音庙和关帝庙，皇上进出城要去，老百姓进出城也能去。正阳门内的棋盘街，明朝时即为百姓往来、进出京城的必经之路，商家列肆好不热闹。京城百姓昵称正阳门为"前门楼子"，民谣唱曰："前门楼子九丈九,四门三桥五牌楼……"这前门楼子还是最接地气的所在。

据袁学军《正阳门的五次火毁与重建》载，正阳门在历史上共经历了5次火毁。第一次是在明万历三十八年（1610）四月。《明史》卷二十九《五行志》中对这次火毁的记载非常简单："三十八年四月丁丑夜，正阳门箭楼火。"这次修缮箭楼花了3万两银子，估计烧毁程度不大。第二次是明崇祯十七年（1644）四月二十九日。据史载，李自成撤离北京时，放火焚毁宫殿及内城九门城楼。此前有所讳言，多不提及，但《明史》《国榷》等史书均有记载，而毁后重建则文献无征。又史载清顺治帝入主北京后，曾修缮明宫，京城九门当在修缮之列。第三次是在清乾隆四十五年（1780）五月。《清高宗实录》及清廷内务府档案中均有记载。据内务府大臣金简《勘估正阳门外火毁宫房事奏折》，可知正阳门外的一铺面房失火，遇风大助燃，火势蔓延，殃及正阳门箭楼，还同时烧毁了东、西两闸楼等设施。乾隆帝接奏折后，当即批准修复，历4个月完工，共用去工料银68799两。然而，由于没有全部新换砖石，新箭楼和旧券洞内有裂缝和鼓闪（古建筑术语，即墙面空鼓现象，尤指修补和新旧墙体衔接部位）。负责督工的大臣英廉、和珅只好自请出资赔修。第四次火毁发生在清道光二十九年（1849）十一月二十九日，当日记"正阳门箭楼灾"；又道光二十九年十二月初三日，上"谕内阁：着派内务府大臣，迅速确实勘估兴修，并着于立春以前赶紧开工"。遂于道光三十年春开工，当时正值鸦片战争后的第十年，国库空虚，财力日绌。勘估修复工程共需白银六万八千多两。还特需三丈四尺多长的大柁，工部营缮司已无力筹办，只好把西郊畅春园一大殿内三丈六尺长的大梁拆下使用，才把箭楼修复。此次重修前后用了两年时间。

正阳门第五次火毁发生在庚子之变。综合各种记述，大致情况是：光绪二十六年五月廿日（1900年6月16日），义和团为扶清灭洋，抵制洋货，火烧位于大栅栏的老德记洋药房，火势迅速向北蔓延，最终殃及正阳门箭楼被烧毁。两个多月后，八国联军已进了北京，驻扎在瓮城内的英军印度兵失火，又将正阳门城楼烧毁。光绪二十八年（1902），清廷着直隶总督袁世凯和顺天府尹陈璧筹划修复。当时内忧外患，民困国穷，清廷一时拿不出钱来进行这样大的工程，只好由袁世凯带头，倡导各省大员捐资助修。但是因工部所藏的工程档案经庚子之变遭焚掠无存，在重建施工中，只好按照与正阳门平行的崇文、宣武二门的形制，并根据地盘广狭，将高度与宽度酌量加大而重建，于1906年完工。

如今城楼建筑样式与京城其他各门同，即重檐歇山三滴水楼阁式建筑，屋顶敷灰筒瓦绿琉璃瓦剪边。但建筑规制均高于其他各门。袁学军《正阳门建筑特色及其功能的演变》一文中描述如下："正阳门城楼，坐落在砖砌城台上，城台上窄下宽，有明显的收分，宽95米，厚31.45米，高14.7米，城台南北上沿各有1.2米高的宇墙，城台上以城砖海墁。城楼为灰筒瓦绿琉璃瓦剪边重檐歇山三滴水楼阁式建筑，楼脊饰龙头兽吻，每面有檐柱、老檐柱和金柱三层柱子，朱红梁柱，金花彩绘，楼上楼下四面均设门，面阔7间，进深3间，上下设回廊，上层前后装菱花格隔扇门窗，下层为朱红砖墙，明间及两侧面正中各有实楾大门一座。城楼两端沿城墙内侧设斜坡马道以通上下。通面宽41米，通进深21米，楼身宽36.7米，深16.5米，高27.3米，整个城楼通高43.65米，为老北京所有城门楼中最高者。城楼外侧重檐以上悬挂木质大门匾。城门洞为拱券式，开在城台正中，五伏五券，内券高9.49米，宽7.08米，外券高6.29米，宽6米。"

庚子年城楼烧毁之前应有不少外国人在这里拍摄照片，但均在外国人手中，当时的重建施工者恐怕是无从索取，或是根本不知有此照片，很多照片百年后才陆续浮现在世人眼前。对比照片可知，重建后的正阳门与烧毁前在外观上已有诸多差异。三滴水的檐角重建后明显比之前外探和上翘，歇山顶屋面较之前有所抬高（重檐的间距加大，屋面檐下斗拱疑似多加了铺数，使屋面有所抬高），屋面坡度较之前为陡。因为城台地盘一样，从重建前后的宽高比来看，现在城楼应比烧毁前高。还有细部的差别：烧毁前城楼屋面的戗脊走兽是7个（这与京城其他各门相同），重建之后升为9个，这或许说明当时重建后提高了规格；烧毁前城楼上下层檐柱都没有抱柱加固，重建后增加了抱柱；城楼二层的平座，从烧毁前照片上看，平座大小与地盘檐柱柱础范围一样或略有收分，重建后平座大小是略大于地盘檐柱柱础范围。

城楼的彩绘除斗拱、梁、枋以外，滴珠板为如意头图案彩绘，山花板为红地描金飘带纹图案，二层木制护栏也施以描金彩绘装饰。檐柱、博风板、楼体、门窗等仍为朱红色。

正阳门城楼前后面阔9间（10柱9开间，含廊），两侧面阔为5间（6柱5开间）。上下层各为28根檐柱，二层另有4根擎檐柱，于平座四角支撑飞檐。内城其他八门均为在城楼门洞外侧券顶上方、城台外壁正中，镶城门名横式石匾，无木匾，唯正阳门城楼重檐南面正中悬挂巨大竖式木匾，直书"正阳门"三字，清朝时为右满左汉双文，民国后去掉满文，汉文居中。横式石匾则镶在箭楼门洞外侧券顶上方、城台外壁正中，内城其他八门箭楼无匾。

正阳门箭楼是最能体现古代军事防御思想和技术水平的建筑，为砖砌堡垒式建筑，雄踞于巨大的瓮城南端城台之上。袁学军《正阳门建筑特色及其功能的演变》一文中提到，正阳门箭楼城台高约12米，上窄下宽，亦有明显收分。城台正中辟券门，与城门相对，五伏五券，门洞内设千斤闸，南侧宽10米，北侧宽12.4米。箭楼上下四层，楼顶为灰筒瓦绿琉璃瓦剪边重檐歇山式，饰绿琉璃脊兽，戗脊走兽为7个。南、东、西三面辟箭窗，以作对外防御（射击）之用，南面（外侧）四层，每层13孔（内城其他八门是12孔），东西各四层，每层4孔，连抱厦2孔，共有86个箭窗（作者按：这是1906年复建后的情形）。箭楼的结构为前楼后厦（抱厦后檐墙辟3个实榻大门供进出楼之用），面阔7间，宽62米，进深20米；北出抱厦庑座，面阔5间，宽42米，进深12米，整座箭楼通高35.37米；屋面前后戗脊走兽是7个。在明清北京城垣的箭楼中，唯正阳门箭楼辟门，亦最为高大雄伟。据清吴长元辑《宸垣识略》载："正阳外门（箭楼）设而不开，惟大驾由之。月城东西设二洞子门，为官民出入。"也就是说，皇帝出入时箭楼中门才可洞开，平时官民人等只能行走闸楼门洞。

1906年箭楼重建后，可明显看到每层的高度增加了，庚子之变前，每层的间隔与箭窗的高度相当，而重建后每层的间隔要大于箭窗的高度，从体量比例上也可看出重建后的新箭楼要高于老箭楼。另外，因参照崇文门、宣武门的箭楼样式，后抱厦两侧仅各开了1孔箭窗，而成为总共86孔箭窗。而老箭楼后抱厦是两侧各4孔箭窗，总共92孔箭窗。

时光荏苒，时至1915年，由于交通的压力，正阳门东西火车站的来往旅客与日俱增，使正阳门周边成为当时北京的交通枢纽，旧有格局已不适应形势的变化。北洋政府决定重新规划"国门"周边的格局。当时以内务总长朱启钤牵头，聘请德国建筑师罗斯凯格尔（Rothkegel）主持设计，改造正阳门。1915年6月开工，年底工程完毕。正阳门瓮城被拆除，城门楼两侧各开有两个进出内城的双门洞，瓮城内的空间成了一个开放场所。箭楼得以保留，成为单体建筑。原在瓮城内城楼下，门洞两侧的观音庙和关帝庙保留了下来。箭楼后抱厦两侧又各增开了4孔箭窗，就成为现在的后抱厦两侧各5孔箭窗，总共94孔箭窗。罗斯凯格尔为箭楼下面两排箭窗的上沿增加了华盖式的弧形窗檐，瓮城墙断面附以月牙形的"绶带悬章"式的西洋弧线装饰，箭楼东、南、西三面加装了栈道式挑台走廊与城台衔接，环以汉白玉护栏。箭楼北侧修建了对称的双"之"字形登城梯道和中间的观景平台，沿用至今。

这在当时也是毁誉参半，周边道路和环境得到了改善，但古老京城的格局确实被破坏了，突兀的箭楼显得不伦不类，这也开了扒瓮城的先河。"祸不单行"，环城铁道工程与正阳门交通改造同时开工，随即，北、东垣城门的瓮城与正阳门瓮城一样，就都被扒了。

正阳门瓮城规模较内城其他八门要巨大，瓮城内南北长108米，东西宽85米。东北、西北两内角为直角，东南、西南两外角为弧状抹角，瓮城东西月墙上各设闸楼一座，闸楼为单檐歇山式，灰筒瓦顶绿琉璃瓦剪边，下辟券洞门（洞子门），闸楼外侧设两排共12孔箭窗。瓮城墙与大城高度相同,高约11.36米,宽度略窄,为土墙心外甃城砖。瓮城墙顶上海墁城砖,外侧筑雉堞,内侧筑女墙。瓮城四面均辟有券洞门,东、西、南为吊落式闸门(千斤闸),北门即城楼下进出内城的城门洞。据清吴长元辑《宸垣识略》载:"东月墙在东洞子门外至正阳桥,形如扇面,列肆居之,其傍城夹道曰荷包棚……西月墙在西洞子门外至正阳桥,形与东月墙同。其傍城夹道曰帽儿棚。"这是18世纪前的状况,到20世纪初,重建正阳门后,东、西月墙外的连房建起,就统称为东、西荷包巷了。

北京内城的瓮城内,都各有一座小庙,唯独正阳门有两座庙,东为观音庙,西为关帝庙。正阳门关帝庙内塑像为明朝原物,皇帝天坛祭天、先农坛躬耕回宫时必在庙内拈香。庙内有"三宝":青龙偃月刀、关帝画像、白玉石马。"文革"期间,正阳门关帝庙与观音庙一同被拆除。

正阳门箭楼的改变还没有完。1928年北伐成功后,国都迁至南京,北京又成为北平。当时市府倡导国货,辟正阳门箭楼为国货陈列馆,为改善楼内采光,在后抱厦檐下正中开了一个巨大的后窗户,这个后窗户也延留至今。别小看这一个后窗户,从此箭楼总窗数就从94个变成了95个——九五至尊的意味。正阳门自庚子之变后复建以来,经历了军阀混战、抗日战争、解放战争、拆城墙、"大跃进"、破"四旧"、旧城改造等战乱和运动,至今仍岿然屹立。

正阳门城楼和箭楼由于所处位置特殊,又在天安门广场最南端,虽不再有"国门"的功用,但标志性作用还是很强,所以1949年以后仍不断得到维护和修缮。但它的命运也是扑朔迷离,岌岌可危。1965年部队因战备需要,给中央打报告要修建北京地铁,报告中规划沿北京城墙旧址修建地铁，沿途所有剩余城墙、城门全部拆除，正阳门城楼和箭楼也在拆除之列。中央批准了修地铁的报告，但最终决定将正阳门城楼和箭楼保留下来，国务院更在1988年将其批准为第三批全国重点文物保护单位。所以至今人们还能够观赏到保存完好的正阳门，后代也还能够看到老北京城池的一点影子。

再说说正阳桥五牌楼。正阳桥即正阳门外的护城河桥，始建于明正统四年（1439），是当时九门增筑箭楼、改建石桥工程中的重点。"正阳桥"的桥身为三拱券洞结构，桥面为三幅结构，幅间有汉白玉护栏分割，中间一幅桥面为御道，两边走行人车马，故又被称为"三头桥"，整个桥面远宽大于京城九门中其他各门护城河桥。在京城护城河桥之中也是唯一有桥牌楼的，为一堂六柱五间绿琉璃瓦庑殿式五楼冲天柱木结构单牌楼，额书"正阳桥"，俗称"五牌楼"，立于南桥头外正阳门大街北端。整个城门建筑群彰显出一派气势恢宏、睥睨四方的震撼效果，想当初，如何不令初上京城的臣民生出匍匐于前的冲动啊。五牌楼于1935年改建为水泥柱结构，撤除了戗柱和抱柱，恢复了云墩。1955年，正阳桥五牌楼被拆除。1996年，在原址偏南修建了一座跨街"五牌楼"，中间四柱呈垂花样式悬空，五间跨度也小于原五牌楼，楼顶是黄琉璃瓦庑殿式，额书"前门大街"，这下把"桥牌楼"改成了"街牌楼"。2006年，前门大街历史风貌修复工程，拆除了该"街牌楼"，于五牌楼原址复建了民国（1935年）样式的"正阳桥五牌楼"，2008年落成。20世纪60年代，内城南护城河改为暗沟，正阳桥即被掩埋于道路之下了。现在是桥牌楼恢复了，可桥没了。

还有一些关于正阳门的传说，可看作笑谈。

传说明朝修建正阳门箭楼时，永乐皇帝前来视察（正统年间修箭楼时永乐皇帝早已作古），觉得正阳门箭楼的楼顶并未如他所期望的那样高大壮观，于是龙颜大怒，令工匠一个月内将正阳门箭楼的楼顶改建得高大气派，否则予以治罪。工匠们殚精竭虑，却无计可施，无比惶恐地面对将被治罪的后果。有一天，一个衣衫褴褛的老木匠前来乞求工匠为他的咸菜加点盐。此后数日，他不断地前来请求工匠给他的咸菜添"盐"。终于有个工匠受到启发，添"盐"不就是为楼顶添"檐"的意思吗？按照这个思路，工匠们为正阳门箭楼的楼顶添加了一周飞檐，使箭楼的楼顶变得高大华贵，并使整个正阳门箭楼的整体规模显得巍峨壮丽。永乐皇帝见之，惊为神来之笔，不禁龙颜大悦。工匠们满怀感激地前去寻找那位老木匠，却遍寻不得，这才悟出那位老木匠必定是木工神仙鲁班先师显灵前来点化他们，帮助他们渡过了难关。

有趣的是从老照片里还发现了一个"老字号"，就是前门楼子门洞边的"马莲山合婚选日"卦摊。这个卦摊自1860年英国人费利斯·比托拍摄的正阳门城楼到庚子年八国联军进占、清走瓮城内摊贩之前的照片中一直都在，想必至少延续半个世纪了。这说明在"国门"前选得良辰吉日是合婚的最佳选择，只要一切如常，这个摊儿就能经久不衰啊。无奈被时事打断了进程，想来国泰民安，一切就都可以向好了。

1 1860年，正阳门城楼南面瓮城内，由箭楼城台上向北拍摄 [（英）费利斯·比托]

2 1872年8月～10月，正阳桥、五牌楼。由箭楼西侧瓮城墙上向南拍摄 [（英）约翰·汤姆森（John Thomson）]

3 19世纪70年代,正阳桥、五牌楼、前门大街。桥上有零星几个人,摊商更多集中在牌楼附近。桥北的转角楼以及其他建筑都很规整,想来维护得都很好

4 19世纪70年代,正阳门东面全貌。由正阳门迤东城墙上向西拍摄,可见箭楼后抱厦侧面是4孔箭窗 [(英)托马斯·查尔德]

5 19世纪80年代,正阳门箭楼南面,正阳桥上。老箭楼完好如新,岿然屹立,巍峨壮观,可见维护极佳。这还算是国泰民安的景象,从行人的步态和表情上还可看出从容和自信

6 1895年,正阳门城楼南面瓮城内空间巨大。这张照片由箭楼西侧城台上向北拍摄〔(英)乔治·欧内斯特·莫理循〕

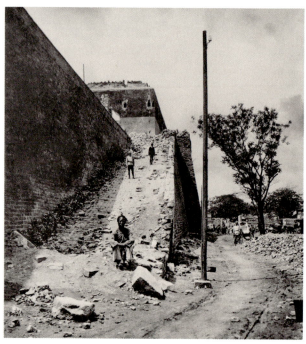

7 1900年7月,庚子之变后,被烧毁的前门大街一片惨状(北向),路西商铺尽数被焚[(英)乔治·欧内斯特·莫理循]

8 1900年10月,庚子之变被英军烧毁后的正阳门城楼废墟,此为城墙内侧东马道。激战时这里铺满了尸体,因而被称为"死人之梯"。楼顶和木结构全部烧毁垮塌,仅剩残垣断壁。选自八国联军相册

9 1901年6月，正阳门箭楼焚毁，五牌楼幸免于难，此时五牌楼正阳桥匾已遗失［（美）伯顿·霍姆斯］

10 1901年1月，冬日的上午，被烧毁的正阳门箭楼。从五牌楼下的废墟向北拍摄［（英）乔治·欧内斯特·莫理循］

11 1901年,正阳门城楼北面,城楼废墟尚在 [(美)伯顿·霍姆斯]

12 1902年1月,两宫回銮。此时正阳门城楼、箭楼已毁,只在箭楼城台上搭建临时五牌楼迎驾,前门大街上似乎已恢复了往日的繁华

13 1904年，正阳门城楼在重建中，梁架和歇山顶已架起，已上完主脊

14 1905年，正阳门瓮城西闸楼外侧，此时瓮城已修复，城楼主体完成，一、二层重檐尚未敷瓦，内部阁楼门窗户壁尚未完工［（法）菲尔曼·拉里贝］

15 1905年，正阳门重建城楼竣工，此为城楼西南面。在西月墙上向东北拍摄

16　1905年，正阳门重建箭楼竣工，此为箭楼西北面，后抱厦两边变成各1孔箭窗（原4孔）。在西月墙上向东南拍摄

17　1905年，正阳门重建箭楼竣工，此为箭楼南面及正阳桥桥面［（法）菲尔曼·拉里贝］

18 1906年，前门正阳桥（三头桥）、五牌楼。正阳门已重建完成，可见正阳桥东北桥头的转角楼已毁，部分在重建中 [（日）山本赞七郎]

19 1917～1919年，正阳门城楼南面（原瓮城内）。由箭楼城台东侧上面向北拍摄 [（美）西德尼·甘博]

20 1917~1919年，正阳门箭楼南面，民国初年改造后。德国设计师罗斯凯格尔应朱启钤聘请，对前门箭楼进行加工设计，增加了弧形窗檐、汉白玉栏杆，以及巨大的月牙形装饰部件。有人认为此乃古建筑改造的神来之笔，也有人觉得箭楼因此变得不伦不类 [（美）西德尼·甘博]

21　1920年前后，正阳桥五牌楼和箭楼

	22	23
21		
	24	

22 1920～1921年，正阳门城楼南面，原瓮城内关帝庙（建于明永乐年间，包括殿宇共十三间，碑亭一座）[（瑞典）奥斯伍尔德·喜仁龙]

23 1920～1921年，正阳门城楼下原瓮城内西北角，关帝庙前有一座大香炉[（瑞典）奥斯伍尔德·喜仁龙]

24 1920～1921年，正阳门城楼下原瓮城内西北角，关帝庙殿前[（瑞典）奥斯伍尔德·喜仁龙]

25　1920～1921年，正阳门城楼门洞内南向 [（瑞典）奥斯伍尔德·喜仁龙]

26　1924年9月，正阳门东车站内。第二次直奉战争期间，冯玉祥出古北口迎战奉军，京津铁路时常中断，车头挂着列强国旗以免遭袭击。各国士兵与悬挂各国国旗的列车合影 [（美）约翰·詹布鲁恩]

25	27
	28
26	

27 1925～1926年，正阳门箭楼东北面，有轨电车已通车。选自《燕京胜迹》(*Peking the Beautiful*，上海商务印书馆，1927年)[(美)赫伯特·怀特（Herbert C. White）]

28 1928年，正阳门箭楼南面，此时箭楼已辟为国货陈列馆

29 1930年前后，正阳门箭楼南面。正阳桥五牌楼的木柱带戗柱，牌楼明间的"画框"里是箭楼和驶过的有轨电车

30 1933年冬，正阳门城楼东南面，东火车站广场上的人力车［（德）赫达·莫理循］

29	31
30	32

31 1933年，正阳门城楼南面（原瓮城内），在箭楼城台上西侧向北拍摄 [（德）赫达·莫理循]

32 1933年，正阳门城楼三滴水飞檐剪影 [（德）赫达·莫理循]

33 1933年，正阳门城楼下西侧的关帝庙门外（原瓮城内）[（德）赫达·莫理循]

34 1933年，正阳门箭楼前出殡队伍抛撒纸钱。原注释：主祭人戴着白帽，一人为抬棺者敲着鼓点 [（德）赫达·莫理循]

35 1933年，正阳门箭楼剪影 [（德）赫达·莫理循]

36 1935年，正阳门城楼东面。首都南迁后，美驻军依然驻扎北平大前门内

37 1937年8月8日，正阳门箭楼南面。七七事变后，北平沦陷，日军入城。日军拍摄

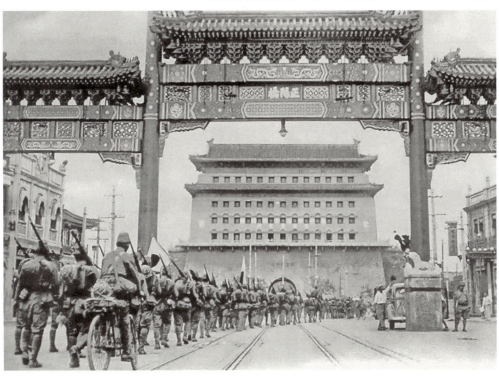

38	
	40
39	

38 1938年2月,正阳门城楼东北面,美军骑兵正在操练。美军拍摄

39 1939年,正阳门城楼西南侧,西车站前广场。选自《北支》摄影杂志,1939年6月号

40 1938～1940年，正阳门城楼南面，原瓮城内，在箭楼门洞前向北拍摄。选自《北京景观》，日伪时期北京特别市公署1940年出版

| 41 | 43 |
| 42 | 44 |

41 1939~1940年，正阳门箭楼东北面，东车站广场边停放的人力车。选自《北京景观》，日伪时期北京特别市公署1940年出版

42 1939年，正阳门西车站铁道总局的信鸽。选自《北支》摄影杂志，1939年6月号

43 1940年,正阳门前旅游车待发,日伪时期开辟的"北京"观光游览线路

44 1940年前后,正阳门箭楼下的小吃摊 [(德)赫达·莫理循]

45 1947年3月,正阳门城楼下。军调处美军北平总部人员撤离,经过城垛子向东车站走去。选自美国LIFE杂志

46 1943年前后,正阳门箭楼、正阳桥五牌楼、前门大街。由前门大街路西店铺房顶向北拍摄[(德)赫达·莫理循]

47 1949年2月3日，正阳门箭楼南面，解放军正式入城。箭楼门洞工事已拆除，挂起"欢迎人民解放军！"的标语，还有人举着"朱总司令万岁！"的标语牌。欢迎人群中旗帜飘扬，学生也打出了所属院校的横幅欢迎解放军，欢庆北平和平解放

48 1950年，国庆节期间，正阳桥五牌楼和箭楼

49 1953年，正阳门箭楼南面。图为一个兜售报纸的老人，背景里箭楼上挂着"苏联电影节"的横幅

50 1950~1951年，正阳门箭楼南面，前门大街（北向）

51 2007年6月28日，正阳门西侧。复建的老车站站房因修了地铁和地面道路，只好以钟楼为中心做了镜像南移［陶然野佬摄］

52 1957年，正阳门箭楼南面。4月15日～5月6日苏联最高苏维埃主席团主席伏罗希洛夫访华，他的巨幅画像得以高悬在正阳门箭楼上

53 1959年，正阳门箭楼东南面，国庆十周年期间明信片

54 2009年2月15日，正阳门箭楼、正阳桥五牌楼、前门大街。复建后的"正阳桥"五牌楼沿用了1935年改水泥柱后的样式，没有戗柱［陶然野佬摄］

55 2009年2月15日，现在留下的正阳门箭楼上的石匾，是民国后的汉字匾［陶然野佬摄］

内城角楼

内城角楼小传

北京内城为一个不甚规则的矩形（西北角向南略有凹进），但四隅方位是规整明确的，由城墙四围所形成的四角，即东北角、西北角、西南角和东南角。据《明英宗实录》载："（四年四月）丙午，修造京师门楼、城壕、桥闸完。……城四隅立角楼。"也就是说，明正统四年（1439）整修京城城池时，除增建各门箭楼、闸楼，改建石桥外，在城四隅也同时增建了角楼。历史上的角楼大多在城郭、村寨等大型院落围墙四隅设置，主要是作为标志性建筑，也起到警戒和瞭望的作用。北京地区遗留下来的较早的角楼记载和传说，是辽南京城子城的"燕角楼"。子城的西、南面与大城重叠，而东、北面独立一隅的东北角建有"燕角楼"。其遗址的大概位置就是现在广安门内大街和南线阁、北线阁的十字路口附近。而"线阁"，也即"燕角"在历史长河中形成的音转文字替代。

北京城内城四隅角楼规制相同，就像两个城门箭楼折角而立，但每面都比城门箭楼还显宽大。角楼结构规制同城门箭楼，为重檐歇山式灰筒瓦绿琉璃瓦剪边的堡垒式建筑，绿琉璃列脊和鸱吻垂兽。戗脊垂兽为5个，最外端有仙人引路。因是相当于两个箭楼成曲尺状对立，其结合部屋面出十字脊，此端的山花板也成90度对立。整个建筑造型优美别致，集装饰性和实用性于一身，可以说是明代建筑艺术的典范。虽不如紫禁城角楼的繁复和雍容华美，但是凸显了大城的壮丽和威严。哪怕从今天的视角去审度这座现存唯一的内城东南角楼，虽四周现代建筑林立，但仍不失庄严和大气，可想而知在五百年前那是何等雄伟，也就难怪喜仁龙在1921年称其为"巨堡"了。

内城角楼建筑在城墙外壁面向外延伸的方形台座上，台座高度与城墙同高，达12米，底边长约40米（比城墙厚多了，俗语形容人脸皮厚说"比城墙拐弯还厚"，就是从这儿来的），楼高17米，楼连台通高29米。楼体沿城台外缘转角而建，楼体外侧的两正面和两侧面，均辟有箭窗，上檐下为1排，重檐下为3排，正外面每排14孔，两面共112孔；侧外面每排4孔，两面共32孔，总计144孔。背面后抱厦每面辟有一个两扇的过木实榻方门，每面上沿开有三开间通联大窗，抱厦侧面无箭窗。檐下斗拱、枋柱施彩绘，箭窗过木、博风板、檐下望板漆朱红，山花板描金。角楼以灰城砖、灰瓦为基本色调，点缀绿琉璃瓦脊和剪边、红窗过木、彩绘斗拱、描金等，与大城搭配无比协调，赏心悦目。

北京内城四角楼内侧是京城较为空旷的地方，建筑物较少，接近角楼的位置基本上都是空地。城角以内，属于"偏远地区"，两面城墙围堵，又远离市中心和城门，交通不便，一般人是不愿住这一区域的。北京内城只有西南角被称为"金隅"，其余三个城角，除居住有少量穷人外，就是庙宇、兵工厂、教场或坟地了。

东北角楼内侧，在康熙年间（1685年）进驻了一批俄国人。中俄雅克萨之战后，59名俄国战俘（称为"阿尔巴津人"）被安排住在北京，编入镶黄旗，驻守东直门内。其中有一位东正教祭司，为在北京的俄国人主持东正教的宗教活动，奏请朝廷给块地方，于是康熙皇帝将东直门内迤北的一座关帝庙改建为尼古拉教堂供俄国人使用，这就是北京俄国北馆的肇始。从1713年开始，俄罗斯东正教会向北京派出东正教北京传道团。到1949年后，俄罗斯东正教会团体全部撤离中国，北馆及其附属地盘移交苏联，成为苏联驻华大使馆所在地，也就是现在的俄罗斯大使馆。在北馆附近城根有俄国人坟地，此外北京还有一块俄国人坟地，就是现在安定门外的青年湖公园前身。

西北角楼离西直门很近，西北角楼内明代有"安艮厂"，就是以生产兵器为主的作坊。后来火药局迁来安艮厂，当地人称之为"炮局"。此外，这里还有明代的皇家御马监和草料场。今天的东教场胡同以西，就是明代的兵营和教场。到了清代，这一片归正黄旗管辖，基本上还是练兵场和生产兵器火药的地方。现在还有一条胡同叫桦皮厂胡同，满人的祖先是生活在白山黑水一带的游猎民族，习惯使用随处可得的桦树皮做各种日用品。清内务府在这里设桦皮厂，用于储存辽东运来的桦树皮，并生产马鞍、刀鞘，还有弓套、箭壶及士兵帽子的衬里等。明清两代，这里儒释道齐全，最大的算是"崇玄观"。明代帝王尊崇武当派，崇祯初年，派宦官曹化淳仿武当山崇玄观而建，故又称"曹老公观"，清代改名"崇元观"。崇元观在清代最有名的是这里的庙会，每月初一、十五开庙两天；元旦（春节）期间，正月初一至十五开庙半个月。清代这里还有"黑塔寺""玉佛寺""松树庵"等寺庙。民国时期，这一带居民开始增多，原来的作坊、寺庙变成了胡同，于是这里出现了几条"新开胡同""新开路"。城根把角一带，仍然是政府的粮库。崇元观于1912年被改造成"陆军大学"，成为民国北洋政府的最高军事学府。

东南角楼留存至今，广为人知。东南角楼内就是原北京内城很有名的泡子河，虽称河，但似湖，是内城东南角内的一个大水泡子，南面一段河沟沿内城南垣里边经崇文门东水关注入内城南护城河。这一片景色旖旎，衬映着古树、城墙和高大的角楼，是城里一块难得的游览、休憩之地。20世纪50年代末，为迎接国庆十周年，在这一片区域大兴土木，填了泡子河，建起了规模宏大的新"北京站"，这是当时献礼的"十大建筑"之一。进京的铁路由原来经东南角楼南侧城根到前门东的旧"北京站"，改为了经东南角楼北侧破内城而入，到这里的新"北京站"。也就是因为这个新"北京站"，老北京城东南一隅的城墙和角楼才得以留存下来。

假如你在20世纪80年代以前乘火车来过北京，一定还有这样的印象：火车绕过龙潭湖，拐向西，前方高大的东南角箭楼已映入眼帘，这时车厢内的喇叭响起了《北京颂歌》的音乐，播音员热情地说道："亲爱的旅客同志们，我们伟大祖国的首都，我们这次列车的终点站，北京站到了……"

西南角楼内也有一处太平湖，但规模远小于已被填作地铁车辆段的北垣外太平湖。由太平湖向东，历史上曾有一段河流，现在这里与这条曾经的古河流重叠的是一条叫作"浸（受）水河"的胡同，东西向笔直延伸，土人早已习称"臭水河"。这里应该就是辽金都城北垣之所在，"浸水河"当为辽金故都北护城河的一段，闹市口就是辽南京城拱辰门（金中都城崇智门）的位置。这里是明初永乐年北京城南拓，也是围入辽金故都"南城"的唯一一隅。因此，内城西南角被称为"金隅"，很可能与此有关。当然，这还需要进一步的史料印证。

内城角楼现存东南角楼，其他三个角楼已荡然无存。东北角楼在庚子之变中受损，正脊塌陷，因失修于1920年被拆除，城台于1953年被拆除；西北角楼在庚子之变中被俄军炮火轰塌，后残垣被拆除，仅留城台，一直没有修复，到1965～1969年规划环城地铁时，西北角楼城台与城墙，以及西直门一并被拆除；西南角楼在庚子之变中受损，顶瓦已全部脱落，至1930年因无力维修而被拆除，西南角楼城台于20世纪60年代中期修地铁时，连同城墙一并被拆除。东南角楼在庚子之变中同样遭八国联军炮轰，楼顶十字脊和大范围箭窗受损，于1910年前后做了简单修复，于1935年做了彻底修复。1949年以后未列入拆除名单，屡经修缮得以保存，1982年国务院将其列为全国重点文物保护单位。

内城东北角楼

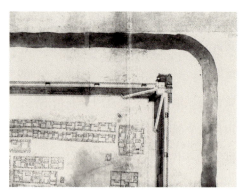

清乾隆十五年《京城全图》上的内城东北角楼图

1860年10月,内城东北角楼东北面;城墙、护城河。远处城门是东直门。[[英]费利斯·比托]

2　1874年，内城东北角楼内侧，俄国北馆的东正教教堂，庚子之变期间被毁坏［(俄)鲍耶尔斯基（Боярский）］

3　1901年，内城东北城角，角楼内侧的俄国军人教堂

内城西北角楼

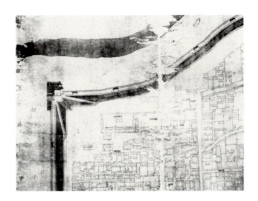

清乾隆十五年《京城全图》上的内城西北角楼图

4 19世纪90年代，西直门南面全貌。可见内城西北角楼，照片是1900年庚子之变前拍摄的

5　1902年，内城西北角楼残迹，角楼城台上的断壁残垣还未清理。马车所在位置及周围，后来是西直门火车站的地界

6　1909年，西直门北侧新建的西直门火车站内（北向，京张铁路）。画面右侧可见内城西北角楼城台［谭锦棠摄］

5	
6	7

内城东南角楼

清乾隆十五年《京城全图》上的内城东南角楼图

7 1894～1896年，内城东南角楼东南面。由丹凤桥上向西拍摄，远处是崇文门［(美)威廉·亨利·杰克逊(William Henry Jackson)］

| 8 | 10 |
| 9 | 11 |

8　20世纪初，内城东南角楼。从蟠桃宫内一隅窥望东南角楼（西北向，看到的是角楼南面）

9　1920～1921年，内城东南角楼内侧西面（城墙上）[（瑞典）奥斯伍尔德·喜仁龙]

10 1924～1927年，内城东南角楼外的蟠桃宫庙会 [（美）西德尼·甘博]

11 1924～1927年，内城东南角楼东北面，画面中的城墙是外城东段北垣，东便门西水关外是宽阔的护城河水面。可见内外城接合部的碉楼残迹，角楼做过简单修缮。选自《燕京胜迹》

12 1933年，内城东南角楼东南面，由内城护城河沿向西北拍摄 [（德）赫达·莫理循]

13 1933年，内城东南角楼西南侧及南护城河雪景 [（德）赫达·莫理循]

14 1943年，内城东南角楼下驶离故都的火车。选自《北支》摄影杂志，1943年3月号

15 1946年，内城东南角楼东侧、丹凤桥 [（德）赫达·莫理循]

16 2009年1月3日，内城东南角楼西南面。不远的历史留下了修环城铁道在城墙打洞的痕迹 [陶然野佬摄]

内城西南角楼

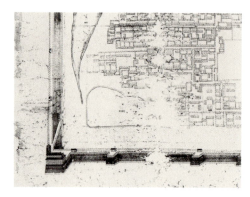

清乾隆十五年《京城全图》上的内城西南角楼图

17 1905年前后,内城西南角楼东南面,楼顶脊瓦已塌毁

18 1906～1909年，内城西南角楼西北侧，走向西便门东水关的驼队 [（美）雷尼诺恩]

19 1910年前后，内城西南角楼西面，西行的驼队 [（美）雷尼诺恩]

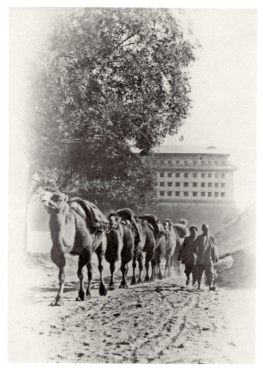

20 1910年前后,内城西南角楼西侧,在观音堂歇脚的驼队 [(美)雷尼诺恩]

21 1910年前后,内城西南角楼西面,西行的驼队经过观音堂 [(美)雷尼诺恩]

22　1915年前后，此为内城西南角楼南面，可见角楼至宣武门间的内城南垣，以及角楼下的驼队 [（日）山本赞七郎]

23　1917～1919年，内城西南角楼西南面 [（美）西德尼·甘博]

24 1920~1921年，内城西南角楼内侧，城角和登城马道 [（瑞典）奥斯伍尔德·喜仁龙]

25 1925年前后，内城西南角楼西南面。两年后，该角楼因失修被拆除。选自《燕京胜迹》

内城四壁、护城河

内城墙垣小传

内城北垣即京城北面的城墙,是在元末明将徐达率部扫北占领元大都后,将元都降格为北平府,并将原北垣南缩2.5公里新修的一面城墙。对应元大都北垣健德、安贞二门,同样辟有二门,名德胜门和安定门。至明永乐年间迁都北平,遂完善京都之制,城墙加高加厚,包甃城砖,成就了北京城绵亘五百余年的辉煌。内城北垣西端向南收进约420米,是因为这一线西端正遇城内西海子最北的一片水域——太平湖,所以就将太平湖让在了城外,形成了城墙南折的格局。20世纪20年代初瑞典人奥斯伍尔德·喜仁龙对北京内城北垣的测量数据是:内城北垣长6790米,外侧高11.6～11.92米(由西至东),内侧高10.4～11米(由东至西),基厚21.72～24米,顶宽17.6～19.5米。这个数据表明内城北垣是京城(内城)最高、最厚、最长的一面城墙。

明北平城北垣南缩是为了防守北元的骚扰,缩短补给线和战线,更好地拱卫边陲。永乐皇帝迁都北京,也大有天子守边之意,所以兴建京城北垣也是着意加高加厚,从而彰显御敌的态势。迁都北京后明政府修整城墙,完善城门瓮城、箭楼、角箭楼,使北京城池固若金汤。尤其是北垣,面北而立,格外威武庄严。东直门迤北的北垣、东垣里边，即京城东北一隅，从康熙年间就进驻了俄国人（阿尔巴津人），清政府将他们编入了旗籍，又赐建教堂、坟地，逐渐形成了沙俄的北馆。再后来转变为苏联大使馆，现在则是俄罗斯大使馆。18世纪20年代俄国东正教驻北京传教团有人又在安定门外购了一块地方当墓地，还建有俄国东正教教堂，曾被称为俄国外馆，如今这一片就成了青年湖公园。新中国成立后东交民巷不再作为使馆区，外国使馆都挪到了东垣外，唯有苏联大使馆还在城里，也就是今天的俄罗斯大使馆。

内城东垣是老北京城朝东的一面城墙，墙基是元大都城东垣旧址、旧基，于明初包砌城砖而成，不同于新筑的北垣和南垣。京城东垣自是废去了北边2.5公里，同时废去了光熙门，沿用了崇仁、齐化二门，改造后为东直、朝阳二门。20世纪20年代初，奥斯伍尔德·喜仁龙做过详细考察和测量，他在《北京的城墙和城门》一书中写道："它们（城墙）无疑会比北京的任何记载道出更有趣、更准确的故事来。它们是一部土石作成的史书，内容一直在不断更新和补充，直接或间接地反映自其诞生以来直到清末的北京兴衰变迁史。"他的测量数据是：内城东垣长5330米，外侧高11.2～11.4米，内侧高10.48～10.7米，顶宽11.3～12.3米，基厚16.9～18.1米。这个数据说明，东垣的规模仅次于北垣，略高于西、南垣。

东垣在古代是用于防御东面来敌，漕运也是经大运河由东面而来，所以东垣内建有京师各大仓廪，从东直门南小街到朝阳门南小街南北一线往东，到城根依次建有海运仓、兴平仓、禄米仓等大型仓廪，还有城墙外的太平仓。东垣南段有始建于明正统年间的观象台，时称观星台，建于元大都东南角楼城台旧址之上，后与明北京城东垣融为一体。值得庆幸的是古观象台得以保存至今，一起保存下来的还有明北京内城东南角楼，以及一小段东垣残迹。

内城西垣是老北京城朝西的一面城墙，面向西山，墙基也是元大都城西垣旧址、旧基。进山和去山脚处的西郊皇家园林，都要经过西垣的两个城门往来。明京城西垣废去元大都城西垣北边2.5公里，也废去了肃清门，沿用了和义、平则二门，改造后为西直、阜成二门。20世纪20年代初奥斯伍尔德·喜仁龙的测量数据是：内城西垣长4910米，外侧高10.3～10.95米（由南至北），内侧高9.4～10.4米，顶宽11.5～14米，基厚14.8～17.4米。可见西垣是内城最短的一面墙，并且平均高度也略低于其他三面墙垣。

玉泉山的水、西山的煤，都是从西垣二门入城。京城的燃料和吃水都仰仗西面，所以才有了西直门走水车、阜成门进煤车的说法。到了1940年前后的日伪时期，拟在西垣外、公主坟以西建新城，这就有了以五棵松为中心的"新北京"，后来这里就基本上成为部队大院所在地。20世纪50年代初的"梁陈方案"也提到要在西垣外到"新北京"之间，建设新的北京行政中心，同时整修旧城、保持原貌。这样，就有了从礼士路到三里河路这一片新建的街区，也就有了现在还能看到的"四部一会"和"经委"的"大屋顶"办公楼。

内城南垣是京城朝南的一面城墙，也只有这面城墙才能够真正诠释老北京城的内城和外城。因为只有外面还包有一圈城池时，才能分出"内""外"。老北京内城的北、东、西垣其实外面都没包围外城墙，这在本书"外城七门"章节中有所说明，而京城南垣外是实实在在包筑了外城池的。内城南垣是在明初永乐帝迁都北京时，废除了元大都遗留的南垣，南移1公里新筑成的。明都城南垣同元大都一样仍辟有三门，中间丽正门所对之门名正阳，东边文明门所对之门名崇文，西边顺承门所对之门名宣武，这三门俗称"前三门"，城门楼高大雄伟，规制远胜于其他三垣各门。20世纪20年代初奥斯伍尔德·喜仁龙对内城南垣的测量数据是：内城南垣长6690米，外侧高10.72～11.05米（由东至西），内侧高10.15～10.72米（由西至东，水关门以东内外侧高度相等，均为10.72米），崇文门至宣武门间顶宽15.2米，三门以外至角楼间顶宽14.8米，基厚18.08～18.48米。这个数据可说明内城南垣的长度和厚度仅次于北垣，而厚于东、西垣，并且平均高度介于东、西垣之间。

　　北京"内城""外城"的叫法是明嘉靖年间修筑了"外城"后形成的，虽然外城没能构成"四面之制"，但外城之名还是延续下来了。没修外城之前的北京城就称为"京城"，修筑了外城后，原"京城"就被称为"内城"，而在有明一代提到"京城"时，一般指的是"内城"。到了清代提到"京城"，也还是指"内城"，清皇室入主北京后，内城是非旗人不得居住，原大明遗民就都被赶到了外城。这种现象就连外国人都看明白了，他们称中国人为Chinese，称鞑靼人为Tartar（泛称操突厥语族、蒙古语族和通古斯语族等语言的民族，满洲人属于鞑靼人），他们翻译北京内城时就叫"Tartar City（鞑靼人城）"，翻译北京外城时则称为"Chinese City（中国人城）"。内外城人民的划分其实也一直延续着，民国时也是政府中枢和达官贵人在内城，而穷苦和无权势的平民，以及那时的"北漂"大多挤在外城。

　　内城南垣正阳门到崇文门间的城墙内侧是东交民巷使馆区，内城南垣外侧是进城的铁道线，还建有正阳门东、西火车站，所以内城南垣内外是外国人经常出没的区域。故此，自庚子之变以后，有关内城南垣的照片留下来的远多于其他区域，使我们能充分领略内城南垣百年前到20世纪40年代末的旧貌和演变。

　　老北京城虽属燕北苦寒之地，干旱少雨，不似江南鱼米之乡，但北京这块地方却被古人相中——其左环沧海，右拥太行，北枕居庸，南襟河济，实乃气运形胜绝佳之地，号称龙脉之所在。经千年营国，老北京四围水系萦绕，河流充沛，大小水面星罗棋布。城内金水河、玉河穿流其间，西苑潭海蕴养京师，堪比苏杭。延续了六朝的古都，风调雨顺，也从未现缺水窘境。白浮泉、玉泉，以及桑干之水由东南流入城河，护城河柳荫环绕，是老北京耀眼的一道风景。然而如今北城河尚存，内城东、西、南护城河早已无踪，元之金水河、明清之玉河也早已成为地下沟涵。据说恢复老内城重要历史水系的动议已提上议事日程，但不知何时能成为现实。

内城北垣

1　1860年10月21日,安定门迤西的京城北垣。英法联军攻入北京,随军记者比托在安定门城楼上向西拍摄,远处可看到德胜门全貌[(英)费利斯·比托]

2　1860年10月21日,图为安定门迤东内城北垣外壁、墩台、护城河沿。原注释:1860年10月21日,依然是北京城墙。从被英法联军占领的地坛围墙内拍摄[(英)费利斯·比托]

3 | 5
4 | 6

3 1902～1906年，内城北垣外护城河上的冰床，冬季这里会有冰嬉项目 [（美）雷尼诺恩]

4 1919年3月1日，雍和宫喇嘛在北门外城根儿处（内城北垣内壁）做法事 [（美）西德尼·甘博]

5 1920～1921年，内城北垣内壁。城根儿处有个放羊娃［(瑞典)奥斯伍尔德·喜仁龙］

6 1920～1921年，内城北垣内壁（德胜门到西北城角间）［(瑞典)奥斯伍尔德·喜仁龙］

7　1920～1921年，内城北垣内壁的老墙根儿
　[（瑞典）奥斯伍尔德·喜仁龙]

8　1920～1921年，内城北垣外壁（德胜门到西
　北城角间），可见环城铁道[（瑞典）奥斯伍
　尔德·喜仁龙]

内城东垣

9　1900年8月，庚子之变，内城东垣内壁。在城根儿与联军合影的光膀子孩童（当时京城的贫民孩子），因和外国人一起照相而显得很是兴奋。选自八国联军相册

10　1902～1905年，内城东垣外壁及护城河景象，远处城楼为东直门 [（美）雷尼诺恩]

11 1917～1919年，内城东垣，远处可见朝阳门城楼与箭楼。该照片是在古观象台上向北拍摄的，天文仪器为折半天体仪（浑象仪，此为德军掠走的天体仪的折半复制品）和象限仪 [（美）西德尼·甘博]

12 1919年6月3日，朝阳门迤北的内城东垣外壁、墩台与护城河，远处可见朝阳门城楼，河面上鸭群荡漾 [（美）西德尼·甘博]

13 1920～1921年，内城东垣内壁，朝阳门与东直门间的登城马道 [（瑞典）奥斯伍尔德·喜仁龙]

14 1920～1921年，内城东垣外壁，一棵树长在了城墙中，可见城墙外壁包甏有多层城砖 [（瑞典）奥斯伍尔德·喜仁龙]

15 1920~1921年，内城东垣内壁 [（瑞典）奥斯伍尔德·喜仁龙]

16 1933~1946年，内城东垣上面，透过古观象台上的象限仪向北偏东方向拍摄 [（德）赫达·莫理循]

17 1936～1940年，内城东垣外，一个人推着一辆独轮车，还有个人在前拉车。选自《亚细亚大观》

18 2009年1月3日，内城东垣南段残墙和墩台（马面），在北京站出站轨道北侧 [陶然野佬摄]

内城西垣

19 1902~1906年，内城西垣西南角楼下西护城河西河沿儿，浣洗衣服的妇女和儿童 [（美）雷尼诺恩]

20 1920~1921年，内城西垣阜成门迤南的城墙外壁、墩台、护城河 [（瑞典）奥斯伍尔德·喜仁龙]

19	21
20	22

21　1920～1921年，内城西垣内壁，阜成门迤南的登城马道［（瑞典）奥斯伍尔德·喜仁龙］

22　1920～1921年，内城西垣南段内壁［（瑞典）奥斯伍尔德·喜仁龙］

23 1920～1921年，内城西垣西直门附近的城墙内壁 [（瑞典）奥斯伍尔德·喜仁龙]

24 1920～1921年，内城西垣中段外壁和大型墩台，一般大型墩台对应的城墙内壁建有登城马道 [（瑞典）奥斯伍尔德·喜仁龙]

	25
23	26
24	

内城南垣

25 19世纪80年代,正阳门至宣武门之间的护城河、内城南垣外壁和墩台。由正阳门瓮城西月墙向西拍摄的雪后景象,近处是正阳门瓮城下的民房,远处可见宣武门。这是冬季护城河的枯水期,河床、河沿及屋顶的积雪还没有完全融化

26 1890年前后,宣武门迤东内城南垣上面,城墙上的堆拨房还完好。向东拍摄,远处可见正阳门。选自《杜德维的相册》

27 19世纪80年代，内城南垣崇文门迤西的城墙、墩台、护城河及城根的道路。从瓮城闸楼门洞走出的驼队正向西行进

28 19世纪90年代末,正阳门迤西的内城南垣上面,城外的护城河,城里的顺城街,以及周边景致。在城楼二层西北角向西拍摄,可见墩台的上面结构,远处可见宣武门城楼和箭楼 [(英)乔治·欧内斯特·莫理循]

29 1900年,图片摄于庚子之变时,内城南垣外有驼队经过,背景是城墙外侧的墩台(马面)[(日)山本赞七郎]

30 1900年，内城南垣宣武门迤东外壁和墩台，一支驼队正在向东行走。选自八国联军相册

31 1901年，内城南垣崇文门迤西热气球航拍。崇文门、东交民巷东段使馆区尽收眼底。选自《气球下的中国》

| 30 | 32 |
| 31 | 33 |

32 1902～1905年，崇文门迤东内城南垣外壁、墩台及护城河，远处可见内城东南角楼。此时开往正阳门东的铁道已修通。该图由崇文门东侧瓮城墙上向东拍摄［（日）山本赞七郎］

33 1902～1906年，在内城南垣外护城河上（宣武门西水闸）洗衣的妇女，可见内城外壁、墩台及正对墩台的堆拨房屋顶［（美）雷尼诺恩］

34 1902～1906年，在内城南垣外宣武门迤西护城河里玩耍的孩子（象来街附近）[（美）雷尼诺恩]

35 1902～1905年，内城南垣西南角楼迤东城墙外壁、墩台。选自八国联军相册

36 1905年，内城南垣正阳门迤西城墙外的京汉铁路，此为正阳门西车站内

37 1906年，内城南垣外壁、墩台（雉堞破损严重）和驼队

38 1911～1913年，东交民巷使馆区全貌。在正阳门城楼上向东北拍摄，可见正阳门迤东内城南垣上面部分（画面右侧）[（美）约翰·詹布鲁恩]

37 | 39
38

39 1917~1919年，内城南垣外壁，在城根儿处歇脚的驼队 [（美）西德尼·甘博]

40 1920～1921年，内城南垣内壁［(瑞典)奥斯伍尔德·喜仁龙］

41 1920～1921年，宣武门与正阳门之间的内城南垣外壁、墩台，以及沿河修建的道路和民房。照片在宣武门瓮城东月墙上向东拍摄，远处可见正阳门［(瑞典)奥斯伍尔德·喜仁龙］

| 40 | 42 |
| 41 | 43 |

42 1920～1921年，正阳门迤西内城南垣内壁，顺城街上有马车经过 [（瑞典）奥斯伍尔德·喜仁龙]

43 1932～1936年，崇文门迤东内城南垣外的铁道，远处可见内城东南角楼。选自《亚细亚大观》

44

45

44　1959年，北京站工地航拍（东南向）。车站主体已建成，可见铁路走向，尚未铺轨，站前广场未完工。画面右上部分是内城南垣东段及内城南护城河、东南角楼、丹凤桥

45　2009年1月3日，内城南垣东段，东南角楼迤西。图为恢复后的城墙外壁、雉堞和堆拨房［陶然野佬摄］

和平门、建国门、复兴门等后辟五门

后辟五门小传

老北京城有正式名称或修了门洞的后辟城门共有五座。两座是清末开辟的，其他三座都是在民国期间开辟的。其中四座城门是在内城城墙上，另一座是在外城西垣上，并且是铁路门洞，卢汉线由此进城，终点是正阳门西车站。而其他城墙上扒开的通道，就都是豁口了。正阳门两侧的双券洞归属于正阳门，不算单独城门。另外，后来城门边上开的券洞也不算。因此本章主要涉及以下城门。

铁路城门

最早的新辟城门位于广安门及天宁寺塔迤北的外城西垣上，是专门为走火车开辟的城门。当然行人也是能通过的，其他车辆就走不了了，因为护城河上只修了铁路桥。1900年12月，八国联军攻入北京后，为便于运输军用物资，法军擅自在广安门迤北的城墙上开洞，将卢汉铁路修进北京城，延长至正阳门西，并修建了正阳门西车站，到1902年两宫回銮时基本建成。门洞开在外城西垣铁道穿城墙的位置，是两个方门洞的城门，铁路从南侧门洞穿过，北侧门洞可以走行人，护城河上架设铁路桥。这个可以称为"铁路城门"，但是也没有正式命名过。

水关门

水关门位于正阳门东水关（御河水关）的位置。清光绪三十一年（1905），这是庚子之变后的第五个年头，战争对北京城造成的破坏已得到基本恢复，各国在北京城使馆区的驻军也已常态化。为东交民巷使馆区的外国人出入车站方便，东交民巷使馆区工部局将正阳门东水关及南御河桥进行改造：拆除南御河桥，御河上加盖水泥板与地面齐平；原水关券洞扩大加高，御河水在券洞下的涵道注入护城河；门洞内安置铁门两扇，两侧挖有耳室，即水关门，于1906年改造完成。庚子年八国联军攻入外城后，英军最先由这个水关潜入位于内城东交民巷的使馆界。"水关门"是没有经过正式命名的，外国人叫它"Water Gate"（水门）。

1926年，北御河桥至南御河桥段的御河改为暗沟，路面中央辟为绿化带，原来御河的东河沿、西河沿成为绿化带两侧道路。随着御河两岸修筑马路，路名也多次变化，因英使馆最早据于路西，曾称"英国路""协和路"等。抗战胜利后，民国三十六年（1947），御河东侧路称"正义路"，西侧路称"兴国路"。1949年后，两侧道路统一命名为"正义路"，道路中间辟为街心花园。最南端的水关门于20世纪60年代随着修地铁拆除内城南垣而一并被彻底拆除，内城南护城河也变成了暗沟。这样正义路就与环城地铁建成后形成的前三门大街（基本上就是原城墙护城河的位置）打通，就是现在的正义路南口。

和平门

进入民国后的1913年,有人向袁世凯建议,在正阳门与宣武门之间辟一城门,这样北可以与总统府(中南海)相连,南可直达南城香厂,既方便了交通,又可谋市廛之繁华。此议得到袁世凯的首肯,城墙南北、内外城的街道都已修好,分别命名为北新华街和南新华街,因为城门原本是要叫"新华门",但宝月楼改的中南海皇城门先叫了新华门,这里不能重名,就改叫了"和平门"。但南北大街没有改名,还是叫"新华街"。可是袁世凯在世时终究还是没在城墙上打这个洞。1926年段祺瑞执政,鹿钟麟主管内外城警备,终于派工兵在南北新华街之间的内城南垣上打了两个门洞,在护城河上修了桥,请书法家华士奎题了"和平门"匾,镶嵌在两个门洞的上方(南侧)。和平门与水关门的命运一样,于20世纪60年代修地铁时一并被彻底拆除。南北新华街与前三门大街形成了一个十字路口,"和平门"就成了这个路口的名字。

新华门内到现在依然是国家中枢之所在。北新华街北头路东,新华门对面原是北京的"回回营",有著名的"回回营清真寺"。这里是清乾隆年间迁来的维吾尔人聚居地,传说是随香妃进京的。他们的后代应该也融入了北京,成为名副其实的老北京人了,现在这里已经被拆迁。南新华街中段有著名的"琉璃厂",早已不烧琉璃了,在清朝就演变成了买卖古董字画的"文化街"。还有曾经著名的"厂甸"(琉璃厂边上的空地的意思),在这里举办的新年庙会是南城首屈一指的。"琉璃厂"屡经修缮,这里依然还是"文化街",算是传承了下来。南新华街北头,有京师优级师范学堂(北京师范大学前身)的故址,后来就是"附属中学校"（今北京师大附中）在此了。南新华街南头，有孙公园、梁园等名士宅第。一尺大街往东去，就是著名的"八大胡同"所在地了，当然，现在仅是胡同而已了。

建国门与复兴门

这是内城东、西长安街延长线上的两个后辟城门，也可以说它们是一对，或叫姊妹门。这两个门是1939年开辟的。1937年卢沟桥事变后，日军占领北平。据《北京档案史料》中《日伪统治时期华北都市建设概况》记述，1939年日伪为兴建东郊工业区的"东街市"（双井一带），在对着长安街位置的内城东垣，拆毁一段城墙（古观象台北侧），此时仅有缺口而未设门楼与门洞。其实，就是民间俗称的"豁子"，不过当时定名为"启明门"。"启明门"里正对着有两条主要的东西向胡同，向西可直达东单牌楼与东长安街相通，靠北的是东、西观音寺胡同，贡院在其东头，靠南的是水磨胡同，西接洋溢胡同。

当时在西郊公主坟外建设"新市区"，就是翠微路到玉泉路这一片街区，五棵松那里的南北道路当时叫"中央大道"（后来叫五棵松路，现在属于西四环路了）。为了方便由老城到"新市区"，也在对着长安街位置的内城西垣扒开城墙，同样没有门楼与门洞，定名为"长安门"。"长安门"里也有两条东西向的胡同，向东可直达西单牌楼与西长安街相通。靠北的一条是卧佛寺街，东接旧刑部街。靠南的一条叫邱祖胡同，东接报子街。

1945年抗战胜利后，当时的北平市政府重新命名这两个城门，东垣上的"门"命名为"建国门"，西垣上的"门"命名为"复兴门"。

1946年，何思源出任市长后，在复兴门豁口处建造了门洞，还安装了铁门，建国门则一直保持着豁口状态。直到1957年，长安街延长线扩展，复兴门门洞拆除，豁口扩大，新生出了"复兴门内大街"，而原来的四条胡同就消失了。建国门内展宽道路，建成了"建国门内大街"，消失的是西观音寺胡同，水磨胡同和洋溢胡同得以保留（后来因为城市发展，这一带的大小胡同最终还是在20世纪90年代消逝了）。到20世纪60年代修建环城地铁时，这两个"门"随城墙一并消失，如今留下了"建国门"和"复兴门"这两个地名，成为立交桥的名称。

| 1 | 3 |
| 2 | 4 |

1　1909年，天宁寺迤北，外城西垣上的方形铁道门洞（铁路城门），此为西面（城外）。选自电影片段截图

2　1909年，京张线横跨京汉线的立体交叉铁路桥，位于广安门迤北，外城西垣上的"铁路城门"西侧。因离西便门较近，当时就称为"西便门跨线天桥"［谭锦棠摄］

3　1900年8月15日，内城南垣正阳门东水关（御河）外侧，由城墙上向南拍摄。英军自广渠门攻进外城，又从这里炸开水关隔栅潜入内城，最先进入使馆区（今正义路南端）。英军印度兵正在绕过水关出水口小桥，从护城河河床进入水关涵洞

4　1900年10月，正阳门东水关（御河水关）外侧。英军炸开了隔栅，由此潜入内城使馆区，后在此开辟了"水关门"。选自《北京照相》（1902年德文版）

5 1917～1919年，正阳门东"水关门"北面（御河）[（美）西德尼·甘博]

6　1926年，和平门南面，和平门正在兴建中

7　1945年，日本投降后，美军航拍的北平。内城西垣（北向），日伪时期开辟的"长安门"豁口更名为复兴门，并修了城门洞

8 1959年,建国门豁口内,从羊管胡同向东拍摄。开进城的是9路公共汽车(匈牙利伊卡鲁斯30型,由红庙开往前门,终点是宋家庄)

9 1959年,东西向为复兴门内、外大街,南北向为南礼士路、西便门外大街,在广播大楼航拍(上北)。城墙、护城河依旧,可见城内的四合院与城外兴建的"新市区"泾渭分明

外城七门

东便门

东便门小传

东便门是北京外城东段北垣上的城门,与北垣西段上的西便门相对,是一对姊妹门。北京外城建于明嘉靖年间,据《皇明大事记》记载,嘉靖二十一年(1542),兵部尚书兼都察院右都御史毛伯温上书:"古者有城必有郭,城以卫民,郭以卫城,……今城外之民殆倍

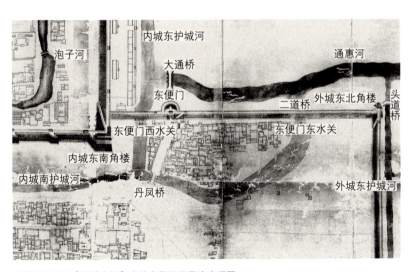

清乾隆十五年《京城全图》上的东便门及周边水系图

城中，思患预防，岂容或缓。臣等以为宜筑外城。"此议得到嘉靖帝认可。但工程浩大，钱财筹集不易，朝中也是屡议屡拖。嘉靖三十二年（1553）初，兵科给事中朱伯辰再次提出修筑外城之议，严嵩也积极赞许。这次嘉靖帝终于同意，并进一步表示："今须四面兴之，乃为全美。不四面未为王制也。"计划修筑外城后，让北京城成为"回"字形格局。但是工程浩繁，财力不济，最后南面城垣的修建未能西抵故金旧城垣，即北折在内城东、西向包筑于东南角楼和西南角楼北侧，成了"凸"字形格局，形成包京城南面一面的"帽子城"。修筑外城工程于嘉靖四十三年（1564）十月完工，辟五门，在东、西两小段北垣上辟两便门。工成史载："辛丑新筑京师外城成，上命正阳外门名永定，崇文外门名左安，宣武外门名右安，大通桥门名广渠，彰义街门名广宁。"

外罗城的建筑是草草收尾，东、西段城墙北折后，稍越过内城南垣界线即分别折向内城，形成了外城的北垣。为便于从外城直接出城，在这两段北墙上分别开了两个小城门，即东便门和西便门。这本不在原规划之内，原规划外罗城要全包围内城，并为十一门之制，就像元大都城，在东、西、南三面各辟三门，北面辟二门。现在互联网上有传言，东、西便门原本偏于一隅，本叫"偏门"，俗说成了"便门"。此说大谬，可想"偏门"是"邪门歪道"之义，江湖上"捞偏门"的都不是正当行业。堂堂帝京岂可冠"偏门"之名于城门，称作"便门"，已然是权宜之计了。在有的古籍叙述中，东、西都免了，就直接叫作便门，好在老北京人方位感强，上下文一串，自然就知道是哪边的"便门儿"了。另外，明嘉靖四十三年，外城瓮城完工时，仅筑有半圆形小瓮城，瓮城最外端，正对城门处开有一个瓮城门洞，无千斤闸，无箭楼。入清以后，乾隆三十一年（1766）才在瓮城门洞上加筑了箭楼，这从《京城全图》上即可看到外城各门瓮城尚无箭楼。

外城新建南、东、西垣和北垣东、西两小段，总长二十八里（约14公里），高一丈八尺（约6米），远低于内城垣。外城为七门之制，四角各筑角楼，但规制远逊于内城。北垣东西各一门，名东便、西便；东垣一门，名广渠；西垣一门，名广宁（后来清朝道光年间避上讳改为"广安"）；南垣三门，南之东名左安，南之西名右安，南之中名永定。虽然新建外罗城没能按初衷包围内城，但也将旧南城囊括大半，使北京城的南中轴线延至永定门，天坛与先农坛围进了城中，内城前三门外的关厢地带得到了蓬勃发展，造就了明清从菜市口经前门大街到花市的繁华商业带，也造就了独特的南城文化。

东便门内没有贯穿外城南北的笔直通衢，城门也没有什么特殊之处，但是它瓮城箭楼外的护城河桥鼎鼎有名、独树一帜，是京城水系桥梁中的执牛耳者——大通桥。其名气当与正阳三头桥齐名，其作用更是无以匹敌。北京护城河与通惠河（京杭大运河的其中一段）的交汇处就在大通桥，因此它也是大运河的终点。此桥为三孔闸桥，闸门设于桥洞西侧，可调节内外水位，这就是通惠河上五个闸口的头道闸。桥洞是拱形的，桥墩是尖形的，以利分水，在四个桥墩的侧壁，有垂立的石槽，可以在石槽间插入木方子挡水。通惠河上的二闸（庆丰闸）也很有名，距大通桥约3.5公里。过去这里可是京城人踏青郊游的绝佳去处——碧波荡漾，蟾鸣鱼跃，绿柳成行，远离市井嘈杂，赏心悦目，堪称游览胜地。

东便门内南行不远略偏西，经丹凤桥（有说法此桥又称喜凤桥，本书取1902年《京城内外首善全图》的说法）跨过内城南护城河，在内城东南角楼隔河的对面就是蟠桃宫。每年的"三月三"是京城著名的蟠桃宫庙会，规模盛大。旧京风俗求子"拴娃娃"者众多，人们手腕缠红绳，到蟠桃宫东配殿，献上香资后拴住一个殿前摆放的泥娃娃带回家，与子结缘，以求来年添丁进口。"三月三"本是为给西王母娘娘做寿，祈福纳子，后又增加了临水宴宾、踏青的内容。

大通桥内外水面宽阔，有漕运码头和游船码头，由大运河从南方运来的货物，由此转运至京城各仓廪。护城河上舟楫往来，画舫林立，一派水乡泽国景象。又城楼巍峨，城墙伟岸，沿河一带郁郁葱葱。楼影、树影、舟影，争相辉映，目不暇接，琼楼玉宇，美景连连。昔日的胜景从老照片里可见一斑。站在大通桥东的河岸边向西眺望，近有东便门、大通桥雄峙；远有角楼、碉楼耸立；内外城墙错落有致，城下河水波光粼粼，楫橹穿梭；天空瓦蓝，白云飞渡——无不彰显旧京城垣城楼建筑艺术的辉煌。

东便门城楼为单层单檐歇山小式，灰筒瓦顶，戗脊走兽5个。四面开过木方门，无窗。城楼面阔3间，宽11.2米，进深1间，深5.5米，高5.2米。其城台正中辟过木方门洞，楼连城台通高12.2米。瓮城为半圆形，东西宽27.5米，南北长15.5米。箭楼为单层单檐硬山小式，灰筒瓦顶，南面辟过木方门，北、东、西三面辟箭窗，每面各2层，北面每层4孔，东、西面每层2孔，共16孔。箭楼面阔3间，宽9米，进深1间，深4.6米，高4.7米。箭楼城台正中辟门洞，外侧（北侧）为三伏三券式拱券顶，内侧（南侧）为过木方门洞。楼连台通高10.5米。

东便门东、西城墙下各设一水关，西水关1孔，为外城进水口；

东水关3孔，为内、外城总排水口。

1951年12月，铁路部门要修一岔道，要求拆除东便门瓮城和箭楼。因当时东便门刚刚修复竣工，经建设部门交涉后保住了箭楼，瓮城被拆除，不久后箭楼还是被拆了。1958年，由于修建新北京站，进京铁路进站口要从内城东南角楼南侧移到角楼北侧，进入内城的这段铁路，基本上就是要修在外城东段北垣、东便门到内外城接合部这一线。这一段城墙，包括东便门城楼遂被拆除。同时在内城东垣，原内外城接合部碉楼及附近城墙被扒开了大大的豁口（豁口北侧的一段内城残垣，后来还真就保存了下来，连同北京站区南侧的一段内城南垣和东南角楼，都拜北京站所赐得以留存），在原东便门西水关上面架起了铁路桥，火车从此就由这里开进了内城的新北京站，一直延续至今。

1　19世纪60年代,东便门外大通桥,此处为通惠河在北京城内的终点。背景为外城东段北垣、内外城接合部碉楼、内城东南角楼。城垣建筑完好,桥头驳船正在卸货［大英博物馆藏］

2　1913~1915年，东便门箭楼北面（城外），在大通桥上正中向南拍摄。已经进入民国，东便门的商铺都挂上了五色国旗 [（德）汉茨·冯·佩克哈默]

3　1920~1921年，东便门城楼南面（城里），向北拍摄。城楼为单层单檐歇山式，敷灰筒瓦，四面开过木方门，无窗 [（瑞典）奥斯伍尔德·喜仁龙]

4 1920~1921年，东便门箭楼外侧为三伏三券拱券门洞，内侧是过木方门洞（内方外圆）[（瑞典）奥斯伍尔德·喜仁龙]

5 1920~1921年，东便门东侧城墙外。迎面走来的是送葬队伍[（瑞典）奥斯伍尔德·喜仁龙]

6　1920～1921年，东便门全景，箭楼、城楼、瓮城，可见东便门的西水关闸口，由内外城接合部碉楼附近的内城墙外侧拍摄东便门［（瑞典）奥斯伍尔德·喜仁龙］

7　1920～1921年，东便门小巧的瓮城墙外东侧［（瑞典）奥斯伍尔德·喜仁龙］

8 | 10
9 | 11

8　1920~1921年，东便门外大通桥西侧近景，可见闸板和闸耳，闸前是嬉戏的孩童，仍为一派原始景象〔（瑞典）奥斯伍尔德·喜仁龙〕

9　1920~1921年，东便门外大通桥东侧。从桥北东侧岸边南望，桥南正对东便门，可见箭楼一角，近处为镇水兽趴蝮〔（瑞典）奥斯伍尔德·喜仁龙〕

10 1935年前后,东便门箭楼南面(瓮城内)。箭楼为硬山式灰筒瓦顶,南辟过木方门,东、西、北三面辟二层箭窗,共16孔,西面箭窗边还刷了"东便门"三字

11 1935年前后,东便门城楼西面城墙上,西面门已改造成窗户。看牌子,显然这里已成为"保安第一队驻守所"

12 1935年前后，东便门城楼北面（瓮城内）。城楼为单层单檐歇山小式，灰筒瓦顶，四面开过木方门，无窗，不过此时北面门已被堵上

西便门

西便门小传

西便门是北京外城西段北垣上的城门，与东段北垣上的东便门相对。建成于明嘉靖四十三年（1564）。当时没有箭楼，仅筑有瓮城门洞。箭楼为清乾隆三十一年（1766）补建。

西便门城楼和箭楼规制与东便门同，城楼为单层单檐歇山小式，灰筒瓦顶，四面开方门，无窗；面阔3间，宽11.2米，进深一间深5.5米，高5.2米。城楼城台正中辟过木方门洞，门洞宽3.65米，楼连台通高11.2米。瓮城为半圆形，东西宽30米，南北长7.5米。清代加筑箭楼为单层单檐硬山小式，灰筒瓦顶，面阔3间，宽9米，进深1间，

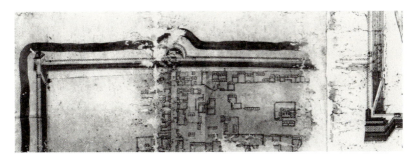

清乾隆十五年《京城全图》上的西便门图

深4.6米，高4.7米，东、西、北三面辟箭窗2层，北面每层4孔箭窗，东、西面每层2孔箭窗，总共16孔箭窗，南面辟过木方门。箭楼城台正中是瓮城门洞，北（外侧）为三伏三券式拱券顶，南（内侧）为过木方门，门洞宽3.65米，楼连台通高10.5米。

西便门迤东外城北垣设有一个三孔水关，水关内侧上筑有压桥。内城西护城河在此分流，一脉经水关进入外城，绕过内城西南角楼折向东，成为内城南护城河。一脉在水关外折向西，成为外城北护城河。在外城护城河西北角楼外的拐角处，另有清乾隆时由西山引水经玉渊潭形成的支流注入外城护城河，汇流后南行，成为外城西护城河。后来废内城西、南、东护城河，现在流向外城西护城河的水也就仅玉渊潭来水的这一脉了。

西便门是从外城出城向西北方向行走的孔道，其西北方向不远处即金中都通玄门故址，进出外城的驼队大多走此门，出城奔西在外城西北角楼处北折，即上了原金中都通玄门通往居庸关之大道。出城奔北即西便门外大街，明清时为西便门外官道，明称礼神街，清称光恒街，新中国成立后改今名，可直达月坛，再北就到阜成门关厢了。西便门外大街往南接南大道，道东前清时是镶蓝旗营房，有一排一排的房子，中间有两条东西向的路分别是北宽街和南宽街，北宽街就是现在的槐柏树街西头。南大道南接北线阁、南线阁，再南可直抵南城根了，这算是一条外城的南北通衢。北线阁、南线阁的街名本叫"北燕角""南燕角"，为辽代燕角楼故址，是辽南京子城（皇城）东北隅角楼。子城位于辽南京城西南隅，子城三面均与大城垣重合，只东北隅独立，故建此楼。燕角的"角"，中古汉语发音为"锅"（guō）或"歌"（gē），现在南方很多地方仍读此音，只是北方音（普通话）受多种方言和外来语影响，与古汉语已有不同。所以后来"燕角"就谐音为"烟阁""燕阁""县阁"，现在老北京人口中说的是"南燕阁儿"（Nán Yangér）和"北燕阁儿"（Běi Yangér），"燕"读轻声，并不是普通话"线阁"（xiàn gé）的读音。

元废辽金旧城后，这里就成了元大都的西南郊外，宫殿圮废，但道路走向基本保留下来，逐渐发展起了造纸业，元中期以后这片区域就开始叫"白纸坊"了。据清吴长元《宸垣识略》载："白纸坊：南城诸坊，白纸坊最大，元于此设税副使，北至善果寺，南至万寿宫，西极天宁寺，皆是也。"晚清的度支部印刷局就设在南线阁南头，民国改叫财政部印刷局，新中国成立后叫五四一印刷厂。这里从清朝一直到现在都是印钞票的地方，咱们的"大团结"和"伟人像"都是这儿印的。

西便门里往东现在有"宣武艺园"，1980年之前叫"宣武公园"，这里的老住户，还是不喜欢叫"宣武艺园"。因为早前这里是广西义地和浙绍义地，全浙会馆也在附近。这"义地"，也叫"义园"，就是各省在京人士掏钱或募捐购下的坟地，免费提供给本省旅居京城的老乡，他们都不是富户，客死他乡又无力扶柩归葬，可以此为殓葬之地。您说这"艺园"，"艺"为何哉？跟早先的坟地联系上了，那谁还愿意叫啊。

旧南城（金中都）辽金古迹众多，据清吴长元《宸垣识略》载："辽大昊天寺故基在西便门大街之西，今已废为农圃。……寺门一井，泉特清冽，不下天坛夹道水也。"北线阁迤东有归义寺遗址，辽刹；有观音堂，在西便门内东南，紧挨着铁道北边，赶骆驼的常在此处休憩；继续往东有善果寺旧址，原名唐安寺，创于南梁，明天顺年间复建，改名善果寺，善果寺院落围墙北段向西斜，至迟20世纪90年代，那里的老房走向仍然如此，这两年不知是否还是原样；善果寺东南即报国寺，辽刹，明成化二年（1466）重修，改名慈仁寺；清康熙十八年（1679），北京地震，寺大部分坍塌，乾隆十九年（1754）得以重修，改名大报国慈仁寺，俗称报国寺。报国寺留存至今，并得到修缮保护，近年更开辟了古玩市场，原本每月逢五、逢六举办庙会，现在是每日经营了。报国寺再往东就是民国以前旧京著名的土地庙了，辽金时所建，叫老君堂都土地庙，每月逢三有庙会，土地庙是旧时小孩子爱去的地方，因为那里卖吃食的多，清朝时的下斜街就叫土地庙斜街。土地庙20世纪50年代废，平整后在原址修建了宣武医院，这在当时可是市属的现代化大医院，现在都扩到广安门内大街了。土地庙偏东偏北就是长椿寺了，建于明万历年间。长椿寺山门朝东开，长椿街因庙得名。新中国成立后长椿寺变成了居民大杂院，庙堂大殿都住上老百姓了，2000年以后，迁走了居民，翻修了庙宇，辟为宣南文化博物馆。

西便门城楼、箭楼和瓮城于1952年被拆除。1952年之前，对于北京现存年久失修的城门城墙基本宗旨还是逐步修缮，但在这一年开始有拆城门的舆论建议，西便门是市政府动议拆城门后第一个被选中的城门，这以后则是以政令的形式安排拆除城门城墙，不再修缮了。

1　1900年10月，西便门城楼南面（城里）。庚子之变八国联军攻陷北京后，德军占守西便门。选自八国联军相册

2　1901年1月，西便门城楼南面。庚子之变后八国联军占领北京，这是德军把守下的西便门，城楼上高悬着德意志帝国国旗（黑白红三色旗），城台上架起两门大炮对准城里［（德）穆默］

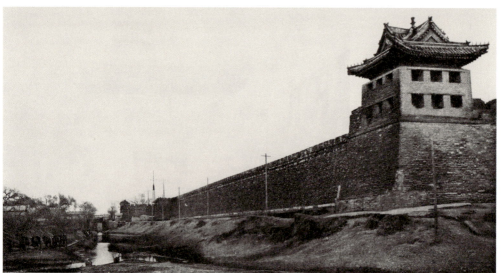

3 1920~1921年,西便门城楼南面(城里)[(瑞典)奥斯伍尔德·喜仁龙]

4 1920~1921年,外城西北角楼和外城北护城河,远处可见西便门瓮城[(瑞典)奥斯伍尔德·喜仁龙]

5　1920～1921年，西便门城楼西侧（瓮城墙上面）[（瑞典）奥斯伍尔德·喜仁龙]

6　1920～1921年，西便门箭楼下（瓮城内）。一支驼队正由瓮城箭楼门洞出城 [（瑞典）奥斯伍尔德·喜仁龙]

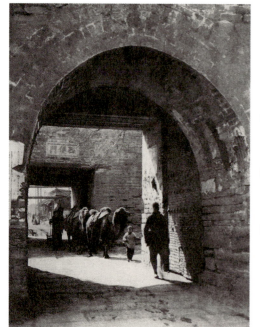

7 8
9

7　1920～1921年，西便门箭楼下（瓮城内）。有人赶着牛车由瓮城箭楼门洞进城 [（瑞典）奥斯伍尔德·喜仁龙]

8　1920～1921年，西便门外关厢和西便门外大街（明称礼神街，清称光恒街）[（瑞典）奥斯伍尔德·喜仁龙]

9　1920～1921年，西便门瓮城箭楼门洞外侧（北面）。箭楼门洞内侧为过木方门洞，外侧为三伏三券式拱券门洞，城门也为过木方门洞，可见城门洞上方"西便门"石门匾 [（瑞典）奥斯伍尔德·喜仁龙]

广渠门

广渠门小传

外城东、西垣仅各辟一座城门，广渠门是北京外城东垣的城门，也是外城城门中规制居中的三个城门之一，规制低于永定门和广宁门（广安门），高于东、西便门，与左安门、右安门相似。广渠门同外城一起建成于明嘉靖四十三年（1564），与外城西垣的广宁门（广安门）

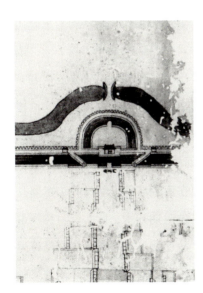

清乾隆十五年《京城全图》上的广渠门图

宗十一岁登基，萧绰被尊为皇太后，并摄政。辽随后就进入了历史上统治中原北方二百年间最为鼎盛的时期。传说此河以"萧太后"命名，是因她当年率军征战北宋时扎营在此，差役寻找水源，终于找到了一条河流。萧太后尝后夸赞水质甘洌，便问起水名，差役报是条无名河，她遂降旨以自己的名号命名。萧太后河上游与京杭大运河（通惠河）相交，流经广渠门外，再经老虎洞，折向东南，在通州汇入凉水河。明清时期，这一带居民多以行船或打鱼为生，有明清笔记载云："河面船只穿行，河岸行人如织，如同江南水乡。"京东一带地势本就低洼易涝，这条河不但加强了这一地区的漕运能力，还成为城市的主要排水通道，而且利于农耕。

广渠门是"官名"，在民间俗称"沙窝门"。可为什么叫"沙窝"呢？这还得从广渠门所处的环境说起。从前广渠门内外寺庙很多，但这些寺庙大多香火不盛，渐渐演变成为客死京城的外省人的停灵之处，寺庙就更显得冷清，寺庙周围除了菜地，便是坟地。一些死后不能回原籍安葬的人大多埋在这里，就形成了乱葬岗，杂草丛生、坟墓无序，极其荒凉。丧葬行打坑的总要在坟地预先挖一些浅坑（不够尺寸），算是占地儿，等有下葬的再继续挖到合乎要求的深度。这浅坑在行内叫"等坑"，俗称"沙窝子"。由于广渠门外乱葬岗里有众多的沙窝子，广渠门也就得了"沙窝子门"的别称，渐渐地，广渠门的别名"沙窝门"也叫起来了。广渠门所处的外城东垣内外，昔时除广渠门大街（其实是一条很短偏南斜的小街）和关厢附近外，大都是荒地，少有人家，遍布着"义地""义园"和不少的庙宇，在20世纪50年代初基本上还是这个样子。庚子之变后修到前门的进京铁路就是穿过这片地方，在外城东北角折向内城根的。

广渠门处京师不甚重要的位置，这也注定了它是北京防御的薄弱环节。崇祯二年（1629）冬，皇太极率领清军进攻大明，于崇祯三年兵临北京城下，满洲八旗军几万人，进攻广渠门，督师袁崇焕率部驰援，与清军大战于广渠门外，袁崇焕冲锋在前，身中数箭，大战盈日，击退了清军。可皇太极进取中原势在必得，觉得袁崇焕是其最大障碍，于是施反间计，诬袁通敌。焦灼困窘的崇祯帝中计，处死了袁崇焕，使疲于应付内忧外患的大明痛失臂膀，最后在闯王的威逼下，崇祯帝无奈地自缢煤山，完结了276年的大明国祚。

到了清末的庚子年，八国联军进占天津后，直逼北京。内城难攻，便从守备较弱的广渠门打开了缺口。守城清兵技不如人，也是有心御敌而力不从心，在洋枪洋炮面前溃败没商量，就这样"洋鬼子"进了京。

在广渠门外迤南的外城东垣外，曾有地名"架松"。因一坟地周围有数棵虬曲的"龙松"，弯曲的主干有架木支撑而得名。这"架松"的墓主人就是清代开国猛将、皇太极的长子豪格，是清初八大铁帽子王之一。可是被多尔衮陷害入狱，不到四十岁就死于狱中，草草葬在了这个地方。等到顺治帝福临亲政后，才为豪格平了反，重新封为和硕肃亲王，并立碑。顺治十三年（1656），豪格被追谥，成为清代第一个被追谥的亲王，称肃武亲王，于乾隆四十三年（1778）入太庙。这里后来就成了北京郊野的一个游览之地。大约在20世纪中叶，这"架松"的古松先后枯死或被伐，就空留下了一个地名。20世纪70年代，这里建设居民小区，1981年决定成立街道办事处，可取个什么名儿呢？朝阳区政府有位熟读毛主席诗词的工作人员，提议将"架松"改为"劲松"，用典是毛主席的一句诗"暮色苍茫看劲松"，也算是谐音了，这就有了今天的劲松地区。

讲广渠门，还得说说北京城门的叫法。北京城"内九外七皇城六"，这些城门可都是"敕封"，叫起来也不能含糊，都得是字正腔圆的正称，也就是不能随便加儿化音的。老北京喜欢儿化音，可是叫到城门可不能随便。你想想，天安门要是说成"天安门儿"，那成何体统。可是也有例外，就是广渠门，可以叫"广渠门儿"，可其他门儿化一个试试，说着都拗口。当然，"便门"是可以"儿化"的，甚至可以说必须得"儿化"，你要是呼"西便门儿"为"西便门"，那听着都别扭。其实这也有个规律，北京话里什么字眼儿"儿化"，什么字眼儿不"儿化"，还是有章可循的。就名称而言，大的、正式的、庄严的、神圣的都不"儿化"，像前述广渠门、便门以外的城门，如前门（正阳门），绝不能叫"前门儿"，再如"长安街"，决不能说成"长安街儿"，但是"煤市街"就叫成了"煤市街儿"，"大栅栏"一定要说成"大栅栏儿（Dàshílànr）"。

1 1903年，广渠门外南侧。外国人的狩猎俱乐部，图中是俱乐部成员在城外（广渠门外迤南护城河河床上）玩跑马打猎游戏。选自八国联军相册

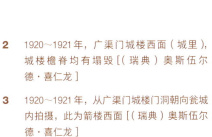

2 1920～1921年，广渠门城楼西面（城里），城楼檐脊均有塌毁 [（瑞典）奥斯伍尔德·喜仁龙]

3 1920～1921年，从广渠门城楼门洞朝向瓮城内拍摄，此为箭楼西面 [（瑞典）奥斯伍尔德·喜仁龙]

4　1920～1921年，广渠门城楼、箭楼、瓮城南侧全貌 [（瑞典）奥斯伍尔德·喜仁龙]

5　1953年初，广渠门城楼已拆，箭楼于30年代已拆除，仅剩城台和门洞。图为由城里向东拍摄

广安门

广安门小传

广安门是北京外城西垣唯一的城门,与广渠门相对。广安门形制较特殊,略低于永定门,但与外城其他城门相比又明显高大,这与它是中原以至南方进京的要道不无关系。沿太行山麓北上、经卢沟桥进京的官道必经广安门,现在的京港澳高速(G4)也是沿这条旧官道

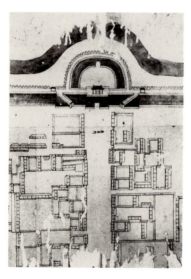

清乾隆十五年《京城全图》上的广宁门图

的走向修建的，由广东直抵京城。

广安门及瓮城于明嘉靖四十三年（1564）建成，最初命名为广宁门，规制与广渠门一样。当时外城唯一与内城城门一样是三滴水楼阁式城门的，只有位于中轴线上的永定门。入清以后，乾隆年间遍修北京内外各城门，以完善规制。除增建了外城箭楼外，因军队班师凯旋多走经卢沟桥的官道，必经广宁门进京，于是乾隆年间仿永定门城楼加高加大了广宁门城楼，就是后来从照片上所看到的巍峨的广安门城楼。与此同时，又逢平定大小金川，在广宁门外大井村官道上还建了"荡平归极"的砖石琉璃牌坊，并勒石立碑，以示祝捷。此后，沿这条官道班师凯旋抵达京师的军队，自有标榜君威的牌楼和高大的广宁门相迎。

民国以前在外城有两条用石板铺墁的道路。一条是正阳门到永定门的外城中轴线，这是皇帝去天坛和先农坛"郊祀"的御道；另一条则是由卢沟桥到广安门的官道。可见广安门自古就是中原连接边城、都城辐射全国的门户。清雍正帝登基后，决定在易县修建皇陵之时，便下令铺这条石板路了。时有"一尺道路五两三"之说，广安门到小井村道路长一千五百丈（约5公里），户部拨付了八万两白银，折算下来，就是平均每修一尺（约31.5厘米）长的道路，约耗银五两三钱三分。昔日道路上可不全是车水马龙，更抢眼的景致是"拉骆驼跑城儿"的，城里城外运货物全是靠骆驼驮，可谓"骆驼不绝于途，驼铃不绝于耳"。直到20世纪50年代骆驼队才在北京城里绝迹。

到了清道光年间，广宁门因避上讳改名为广安门。道光帝叫旻宁，那年月皇帝用了的字，别人就不能用了，书面上一定要用"宁（寧）"字时，都改写为"甯"了。旻宁于嘉庆二十五年（1820）即位，年号道光，道光帝原本叫绵宁，因为担心"绵"字老百姓不容易避讳，所以即位时改名旻宁。城门名老得喊着，所以必须换字，安与宁意思相当，况且好多城门都以"安"命名，所以就改叫广安门了。这广安门改得好，一下子就被人接受了，道光年以后就没人喊广宁门了，再后来不做考究的人都不知道有广宁门一说了。

广安门又俗称彰义门，其实彰义门的名字被老百姓（土人）喊了850年了。彰义门是金中都城西垣之北门，大概就在现在的广安门外湾子路口附近。现在的广安门内、外大街一线是金中都城彰义门内的东西康衢——彰义门街，位置走向都没变。再上溯到辽南京城，以至唐幽州城，这里依然是东、西向的通衢道路。一条道路的延续达上千年，实属罕见，长安街也不过是明朝才有的。由于广安门是各省陆路进京的必经之路，因此彰义门大街（广安门大街）明清时是比较繁华的，有"一进彰义门，银子碰倒人"的说法。

广安门城楼形制一如内城，重檐歇山三滴水楼阁式建筑，灰筒瓦顶，列脊走兽也都是不施釉的灰活。面阔3间，通宽13.8米，进深1间，通进深6米，高17.6米，楼连台通高26米（现在居庸关复建的关城城楼形制有点像广安门城楼的样子，不过楼顶为灰筒瓦绿琉璃瓦剪边）。城楼歇山式屋盖较一、二层檐顶收分较大，即大屋顶在整体上的比例与内城城楼相比略显小。歇山顶戗脊走兽5个，一、二层檐顶戗脊走兽7个，虽然开间体量上小于永定门，但在这一点上规制又高于永定门（永定门三滴水戗脊走兽都是5个）。另外，广安门城楼区别于其他三滴水城门楼的地方是一层除去檐柱外，在檐下四角之内，檐柱与老檐柱（金柱）之间，还各有1根明柱（内角柱），基本上是支撑在二层的四角檐柱（角柱）之下，作用应该是使二层的四角檐柱生根，并加强撑持二层平座。这样，广安门城楼一层的明柱就是16根檐柱加4根内角柱，共20根，二层的明柱是16根檐柱。城楼门洞内券是五伏五券式，外券则是三伏三券式。

广安门瓮城呈方形，两外角为圆弧形，东西长34米，南北宽39米，瓮城墙基宽7米，顶宽5米。箭楼位于瓮城最西端，与城楼相向而立，为单檐歇山式灰筒瓦顶敌台式建筑。箭楼形制同广渠门，面阔3间，宽13米，进深6.6米，楼高7.8米，楼连台通高16.6米。西、南、北三面各辟箭窗2排，西面（正外面）每排7孔，南、北面（两侧面）每排3孔，共26孔箭窗，进楼门开在东面（背面）。瓮城门洞位于箭楼城台正中，五伏五券式券洞门，道路穿瓮城直线进城。（注：测量数据引自奥斯伍尔德·喜仁龙《北京的城墙和城门》，其他数据根据照片得出。）

1949年底，在北京市第二届各界人民代表会议第一次会议上，曾提出保护土城、古桥、古代建筑等重点文物的建议案。1950年初，第二届第二次北京市各界人民代表会议又重提修缮城楼、牌楼等古代建筑建议案。建设局于4月底以前，将各城门上的城楼和箭楼中有危险的部位进行了简单处理，然后用城砖封堵了无驻军的城台马道、箭楼梯道以及楼门。当时内城的9门中尚存城楼8座，箭楼5座；外城7门中尚存留城楼7座，箭楼6座。9月初，政务院遵照周总理关于保护古代建筑等历史文物的指示精神，发文给北京市人民政府。市府随即通知建设局，要求对城楼、牌楼等古代建筑的状况进行调查并提出修缮计划。经勘察测量，制定了城门的修缮计划，从内城开始实施。

广安门的勘察结果是：城楼和箭楼的楼顶均有塌损，箭楼墙壁有较大裂缝。城楼首层东面及南面已无明柱，挑檐塌落。楼门封堵，墙上写着"危险!"字样,马道亦封堵,城台两边筑有碉堡。处理意见是:广安门之城楼和箭楼应先行排除危险为要。1952年,还没轮到修缮广安门,市政府下达了关于修缮城楼等工程的指示精神,大意为:关于城楼修缮工程,已经开工的要把它做完,没有开工的就一概不做了。第二批城楼修缮计划从此落空。从1952年拆除西便门工程开工之日起,北京的城门城墙就进入了拆除模式。

广安门箭楼虽屡次采取保护措施,仍日趋危险,市政府于1954年12月19日批准拆除,1955年3月箭楼拆除完毕。为修筑道路,1955年6月拆除了箭楼城台,并加宽了护城河桥。1957年,在全面拆除外城的过程当中,广安门城楼和残存的瓮城被全部拆除。(注:以上广安门的拆除始末可参见孔庆普著《北京明清城墙、城楼修缮与拆除纪实》。)

广安门外手帕口南是广安门火车站,新中国成立后主要作为货运车站,这也使马连道地区成了北京各大单位库房的集中区域。广安门站原是京张铁路上的一个车站,由丰台柳村过来就是它了,再往北就是西直门站。京张铁路1909年通车,是詹天佑主持修建的。京张铁路(南北走向)在广安门迤北的城墙外与京汉铁路(东西走向)立体交叉,是北京最早、也是唯一的铁路立交桥。由于位置离西便门较近,当时被称为"西便门跨线天桥"。1959年,京汉线、京沪线、京山线都并入了在内城东南角楼内侧的新北京站,京汉线由这里进城的铁道也就废弃了,京张线的火车也不用再费劲过"天桥"了,桥遂废。西来的京汉线成了一条支线停在了小马场附近,再后来那儿就建起了北京西站。铁道部、北京铁路局、铁路医院、铁道设计院等都在那一块儿。

广安门火车站迆南铁道东还有一个去处，现在已逐渐被人遗忘了，那就是青年湖游泳场。现在池子北半部已填，南半部也基本干涸，那一片都叫了鸭子桥。青年湖游泳场原属于宣武区（现并入西城区）体育运动委员会，北半部是浅水区，南半部是深水区，夏天是游泳场，冬天是溜冰场。要知道这个"青年湖"不是城北安定门外的那个水塘子改的青年公园，而是一千年前辽南京城子城内宫城中路（大约就是现在二环路"西厢"广安门桥迆南的位置）西侧的"瑶池"遗迹，"青年湖"西岸伸向湖内像个半岛状的土包就是"瑶屿"遗迹，铁道就从西侧的土包穿过。到了金中都时期，辽时的"瑶池"改名叫"鱼藻池"，金章宗"燕京八景"中的"太液秋风"说的就是这儿的景致，后来元明清都城里的太液池应该是仿此规划的。这个"瑶池"与广安门外迆北的天宁寺塔属于同一时期（辽代）。

1 1860年，广安门全貌（西南面），清道光年之前称广宁门 [（英）费利斯·比托]

2 1902～1905年，广安门全貌（西南面）。选自八国联军相册

遥遥相对。明末崇祯时孙承泽的《春明梦余录》中有记载,广渠门在规划建设时称"大通桥门"。这应该和萧太后河有关,萧太后河在广渠门外不远处,由北向南流过,在对着广渠门的地方有一桥梁,即大通桥(应是辽金时所建),这是北京外城未建立之前的大通桥。广渠门当时就是对着这个桥建的。待外城建成,东便门外通惠河上新建了一座三孔闸桥,并重新疏浚河道,"大通桥"之名就挪给了新桥。所以也就没人再叫广渠门"大通桥门"了,但是一个"渠"字足以道出此门的渊薮。

广渠门城楼在近处观看,被城墙雉堞和女墙遮挡,尤显低矮。连廊面阔5间,单层单檐歇山小式,与东、西便门不同的是,它四周有回廊,回廊檐柱16根,檐下有一铺作斗拱。瓮城呈弧形,但比两便门要宽大得多。箭楼为清乾隆三十一年(1766)补建,单檐歇山顶堡垒式建筑,形制同广宁、永定二门。东面及南、北两侧面各辟箭窗2层,东面(正面)每层7孔,两侧面每层各3孔,共26孔箭窗,箭窗外侧为长方形,里侧收分较大(喇叭口状)。城楼与箭楼均为灰筒瓦顶,脊、鸱吻、走兽也都是不施釉的澄(dèng)浆黑(灰)活,戗脊小跑为5个。箭楼下辟拱形门洞,与城楼门洞一样,都是五伏五券式券洞门。广渠门箭楼于20世纪30年代末的日伪时期被拆除,城楼于40年代被拆除,城楼、箭楼城台及瓮城于1953年被拆除。

说广渠门本与萧太后河上的"大通桥"有关,这里就交代下萧太后河。澶渊之盟后,宋辽相和,辽便在南京城(唐幽州城)东郊开凿运河,改善漕运。因是在萧太后在位时期开凿,后人就习称"萧太后河"了。史上流传的"萧太后"是辽朝圣宗耶律隆绪之母萧绰(953~1009年),小字燕燕,是契丹人,也是辽朝著名的政治家。圣

3 1920~1921年,广安门城楼西面(瓮城内)[(瑞典)奥斯伍尔德·喜仁龙]

4 1920~1921年,广安门城楼西南面(瓮城内)[(瑞典)奥斯伍尔德·喜仁龙]

5 1920～1921年，广安门城楼北立面。城墙内侧是倒八字登城马道，城楼城台高出城墙顶面，以斜坡面衔接 [（瑞典）奥斯伍尔德·喜仁龙]

6 1920～1921年，广安门全貌（西南面），可见护城河石桥 [（瑞典）奥斯伍尔德·喜仁龙]

7 1920～1921年，在广安门瓮城箭楼北侧的月墙，北望外城西垣及护城河 [（瑞典）奥斯伍尔德·喜仁龙]

8 1920～1921年，广安门箭楼西面（城外）[（瑞典）奥斯伍尔德·喜仁龙]

左安门

左安门小传

左安门为北京外城南之左（东）门，伴随修筑外罗城而来，建成于嘉靖四十三年（1564）。修筑外罗城本就出于国家御敌保持安定的初衷，城门名的选取想来也没有太费什么心思，就以"安定"为先了。京城原已有安定门，所以外城南面三门，中取"永定"，左、右就为"安"了。

这明朝的城门还留了个破绽，等福临住进紫禁城后，自然也是南面为王，可皇帝坐在龙椅上，左右和后背都"安"了，就觉得南面不

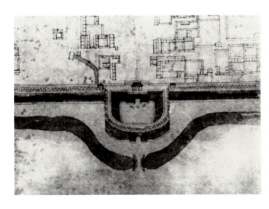

清乾隆十五年《京城全图》上的左安门图

够"安"。明皇城本已有了东、西、北安门，承天门外还有长安左门、长安右门，加上外城的左安门、右安门，放眼望去，这南中轴线上就没一个"安门"。于是，皇帝立马坐立不安了，为了长治久安，遂把承天门改名叫天安门，北安门改名叫地安门。

瑞典美术史家奥斯伍尔德·喜仁龙，在其1920~1921年游历北京后所著的《北京的城墙和城门》中描述："左安门，亦称江擦门，在建筑和结构上与右安门毫无二致，但周围的景物不如后者那么丰富多彩，所以给人的总印象有所不同。它是北京诸门中距离人口稠密的中心区最远的城门，所以要到此门，须走比到右安门更远的路程。这里的路，南至东南城角，北接开阔田野。田野上一部分种植粮食和蔬菜，一部分长满了芦苇。这里除了远远可以望见的城墙外，简直没有什么城市迹象。世界上有几个古都可以提供如此开阔的无建筑地面，可以在其城区内看到如此纯粹的田园生活呢。"其实就是新中国成立之初，左安门内也更像城外，进城后没多远，东、西、北所面对的就是大面积的、后来被称为"龙潭湖"的湿地和农田，其间散落着一些寺庙、坟地和村舍，绝无城市景象。修建外城时，西部将辽金故城纳入城内，而东部则是将一片郊野包了进来，这里远离繁华中心，各个时期都忽略了对它的建设。

如前所述，左安门又称江擦门。这"江擦"又是何意呢？有传说是"将将擦过去"之意，可是总感觉传说不靠谱。而另有一说法，左安门瓮城门洞外侧有石砌礓磜，故俗称"礓磜门"。查"礓磜（jiāng cǎ）"意为在坡度较大的地段上，本应设台阶，但是为了能通行车辆，将斜面做成锯齿形坡道，就像现在好多车库门外的斜坡，将水泥划成一棱一棱的，这种斜坡就叫"礓磜"。再说左安门内外原都是村野之地，修了城门，必然要用碎石铺路，这路面坑洼不平，地势也是深一脚浅一脚的，路面就像是一段一段的"礓磜"。总之是与"礓磜"有关，所以就谑称左安门为"礓磜门"，礓磜写起来过于怪异，就讹变成了"江擦"。窃以为此说还是挺靠谱的。

庚子之变后，为了让铁路进城直达正阳门，在天坛东、左安门迤西的城墙开了豁口。从此铁道破城而入，穿过外城大片的开阔地带绕到内城根的正阳门下。至今这条铁道仍是进京的主线，已经有一百二十多年了，只是终点由内城根的正阳门东车站挪到了内城里的新北京站。

左安门城楼与广渠门、右安门一样，是单层单檐歇山小式，这是外城标配。清乾隆年间的城楼改建［在喜仁龙考察北京城墙城门时，发现乾隆三十一年（1766）烧制的城砖，这说明在这时期有过较大规模的城楼改建和城墙修补］，没有对其进行规制上的提升，所以一直到它颓圮，直到被拆除，都还是保持着原状。左安门城楼是灰筒瓦顶，脊、鸱吻和脊兽都不是琉璃件，与筒瓦一样都是澄浆细泥的灰（黑）活，与城墙同为一个色调，戗脊走兽5个。城楼带回廊，有廊柱16根。面阔3间，通宽16米，进深1间，通进深9米，高6.5米，楼连台通高15米。城楼门洞为三伏三券式券洞门。城楼门洞内城台内壁筑有与内城反向（倒八字）的登城马道。

左安门的瓮城呈半圆形，东西宽23米，南北长29米。明嘉靖四十三年（1564）外城建成时，只修了城楼和瓮城，瓮城正对城门处辟有瓮城门洞，清乾隆三十一年之前外城七门均无箭楼，是年加盖了永定门箭楼。这说明外城其他门的箭楼都是在乾隆三十一年后，参照永定门箭楼的规制陆续增建的。左安门箭楼与右安门形制相同，与永定、广渠、广安三门相比，箭楼两侧面箭窗各少2孔，即南面2排，每排7孔，共14孔；东西两侧面2排，每排2孔，每面4孔，共8孔，箭楼总共设箭窗22孔。箭楼北面（背面，面向瓮城内）正中辟过木方门，瓮城门洞位于箭楼下方的城台正中，为三伏三券式券洞门（门洞应是明朝之物）。箭楼为单檐歇山小式堡垒式建筑，灰筒瓦顶，岔脊走兽5个。面阔3间，宽13米，进深1间，宽6米，高7.1米，楼连台通高16.6米。

据孔庆普《北京明清城墙、城楼修缮与拆除纪实》一文载："（1950年）9月中旬开始对城楼等古代建筑进行初步调查"，其中"左安门城楼是一座单层三开间建筑，其外墙和屋檐损坏不严重。箭楼已坍塌大半"。1953年，城楼、瓮城和坍塌大半的箭楼被相继拆除，护城河被取直。关于城砖的去处，据说1958年有人给市委写信建议，由于各区建设、改造需要土源、城砖，而外城城墙文物价值较低，或许可以拆除加以利用。

在这外城城墙上的左安门内外，究竟有什么可圈点之处和历史价值，当然就见仁见智了。

左安门内有个知名景点，那就是法藏寺弥陀塔，俗称"乏塔"。法藏寺是当年有名的大寺院。建于金大定年间，原名弥陀寺。明景泰年间重修，改名法藏寺，额题"敕赐法藏禅寺"，俗名也叫白塔寺。法藏寺因年久失修，大部分建筑坍毁，仅塔独存。此塔内空，可攀登，是京城周边少有的楼阁式塔之一。过去每年农历九月初九，京城各界人士会来此登塔远眺，称为"九九登高"。由于后来塔身逐渐倾斜，又离铁道较近，安全起见，于1967年将其拆除。

历史上的左安门附近一直是比较荒凉僻静的地区，分布着破旧民宅、坟地和大片的荒野。1952年为改善左安门内一带的环境，北京市组织群众挖了三个人工湖，因"龙须沟"的水汇集于此，此处如龙头，经梁思成提议定名为"龙潭湖"，这就是后来的龙潭湖公园。1957年还在此平整大片土地，迁坟三百余座，建立了"龙潭植物园"。后来"北京游乐园"也开于此。

根据北京市人民政府发布的《北京城市总体规划（2016年—2035年）》，北京市的古城楼、角楼、明城墙等，都将成为北京重要的文化景观。原崇文区计划复建左安门和外城东南角楼，并在2013年完成。后来崇文区与东城区合并，2015年底复建外城东南角楼完工，但复建左安门之事似还在计划中。

目前，原左安门附属建筑中，左安门东值房在大规模拆建中居然神奇地保存了下来，这在全北京城的其他城门中是绝无仅有的了。国务院于2013年宣布其为全国重点文物保护单位。现左安门东值房处于左安门桥东北侧，属于明嘉靖年间之物。现存建筑为悬山（据说1949年的调查记录是硬山）式灰筒瓦卷棚顶（过垄脊）平房，面阔5间，进深1间，前出廊。整体建筑为木架砖瓦结构，建筑面积148.35平方米。城门值房是城门守军值守用房，左安门东值房的地理位置为研究北京城各城门、城墙的坐标点定位起到了非常重要的作用。但不知为何，2010年后，重新修缮时把前脸儿推到了廊柱的位置，废了廊子，扩大了屋内面积。

1　1920~1921年，左安门箭楼北面瓮城内，在城楼门洞内向南拍摄［（瑞典）奥斯伍尔德·喜仁龙］

2　1920~1921年，左安门箭楼西面。可见瓮城西月墙与箭楼城台衔接处的斜面雉堞［（瑞典）奥斯伍尔德·喜仁龙］

1 2 | 3
　　| 4

3　1920～1922年，左安门城楼西北面（城里），可见西侧值房，登城马道已坍塌［(瑞典) 奥斯伍尔德·喜仁龙］

4　2016年2月，左安门值房。选自百度全景截图

右安门

右安门小传

右安门是北京外城南垣之右（西）门，与外城其他门一并建成于明嘉靖四十三年（1564）。外城南垣按规制辟三门，与内城南垣三门从概念上是相对应的，但从空间上又不都是严格地处在南北垂线上，除中门永定门与正阳门同在京城中轴线上外，两旁门各自更偏向东南和西南。外城建成时还有称南面两旁门为"崇文外门"和"宣武外门"的。由于右安门位置处在外城南垣之西，在民间又被叫为"南西门"（nán xi mén，"西"读轻声）。

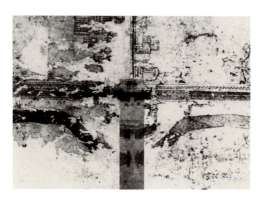

清乾隆十五年《京城全图》上的右安门图

右安门在辽金故都范围内，是处于辽南京城开阳门外和金中都城景风门（右安门外二道河桥的位置）内的南北一线上。以辽南京城来说，右安门是在开阳门和拱辰门之间的南北通衢的南端外；以金中都城来说，右安门是在景风门和崇智门之间的南北通衢的南端内。而这一段，就是现在由闹市口经牛街到右安门外凉水河桥头（二道河桥）这段路。这段路明清时到内城南垣处折断，在牛街北口外的土地庙向东折，过长椿寺斜抵宣武门西河沿儿（下斜街到上斜街）；由闹市口向南的路经象来街西口就断在了城根，现在又拉直、展宽、贯通了。这一通、一断、再一通，就是一千年。

右安门规制同左安门，此二门同时建成，后来在清乾隆年间又同时加盖箭楼。据喜仁龙《北京的城墙和城门》记载："瓮城垣墙年代悠久（至少内侧壁如此），表面坑穴累累；而箭楼城台，据两块镶在墙上的碑记，则系乾隆五十一年（1786）修葺，城台上的楼当为后来所修，看起来同门楼一样新，保存也同样完好。城根下有小棚和土屋，缓缓升高的垛口，似将楼托起，造成一种睥睨四邻的气势。"至少在20世纪20年代，右安门城楼、箭楼、瓮城比外城其他门保存得都好。城楼是单层单檐歇山小式，灰筒瓦屋面，没有琉璃构件，檐下额枋上仅施有一铺作小型斗拱。城楼四面带回廊，有廊柱16根。面阔3间，通宽16米，进深1间，通进深9米，高6.5米，楼连台通高15米，戗脊走兽5个。阁楼四面各设一实榻大门，无窗。城楼门洞为三伏三券式券洞门。城楼里门洞两侧城墙内壁筑有与内城反向（倒八字）的登城马道。箭楼为歇山式灰筒瓦顶堡垒建筑，戗脊走兽5个，宽约13米，进深约6米。正外面（南面）2排箭窗，每排7孔，两侧面2排，每排2孔，共22孔箭窗。北面（背面）正中为一实榻大门。

右安门内外的大片地方原是辽金故城，即元末形成的白纸坊之所在。城内虽也有撂荒之地，但主要街巷承延辽金，更有市井之气。手艺人、工匠多聚南城，五行八作遍布其间，小吃、玩意儿五花八门，三教九流熙来攘往。在这片区域内，辽、金、元、明、清各代遗迹联袂呈现。从金代皇城的宣华门到外城的宣曜门的东西大街在右安门内，就是现在的枣林前街和南横西街，与南北大街相交于牛街南口（金元时期，牛街曾传称柳河村、榴街、牛肉胡同）。在这左近有圣安寺，建于金天会年间（1123～1135年），初名大延圣寺，金大定七年（1167）诏改为大圣安寺，明正统年间，改名普济寺，清乾隆四十一年（1776）重修，重命名为圣安寺，山门额书"敕重建古刹圣安寺"，今存山门和天王殿，为区级文物保护单位。

圣安寺迤东街北即唐幽州藩镇城内的悯忠寺，唐贞观十九年（645），唐太宗李世民为追悼征东的阵亡将士，诏令在幽州立寺纪念，由安禄山主持兴建，武则天万岁通天元年（696）才完工，赐名"悯忠寺"，寺左即幽州城东之南门（辽南京城称迎春门）。经历代修葺，到清雍正十二年（1734），正式改名"法源寺"，沿用至今。寺院保存完好，现为中国佛学院所在地。

圣安寺迤北是牛街礼拜寺，相传建于辽统和十四年（北宋至道二年，公元996年），但也有考证说始建年代不会早于元，应是与大都城建设年代同期。牛街礼拜寺是京畿地区，可确定是华北建立最早、最大的清真寺，今为全国重点文物保护单位。

圣安寺西南有崇效寺，唐刹，据清末李慈铭《桃花圣解庵日记》载，寺为唐贞观元年（627），幽州节度使刘济舍宅所建。山门有"敕赐崇效寺"石匾，又因寺北有枣树千株，故亦称枣花寺，枣林街地名即源于此。

悯忠寺南有万寿宫和万寿西宫，分列盆儿胡同左右，均建于明万历年间（1573～1620年），万寿宫在清乾隆年间毁于火，万寿西宫有关帝殿和吕祖殿，遗址至今尚存，在今万寿公园内（1980年之前一直称"万寿西宫"）。

右安门内迤东即是陶然亭，陶然亭之名出现尚晚，而慈悲庵始创于元代，又称观音庵，清康熙三十四年（1695）工部郎中江藻奉命监理黑窑厂，他在慈悲庵西部构筑了一座小亭，并取白居易诗"更待菊黄家酝熟，共君一醉一陶然"句中的"陶然"二字为亭命名。这里自然景色优美，被誉为"周侯藉卉之所，右军修禊之地"，更被觐京文人视为必游之处。此亭享誉经久，长盛不衰，成为都中名胜。陶然亭周围著名遗迹众多，西北有龙树寺，寺内有兼葭簃、天倪阁、看山楼、抱冰堂等建筑，名流常于此游憩，其知名度至清道光以后，堪与陶然亭相匹。陶然亭东南有黑龙潭、龙王亭、哪吒庙、刺梅园、祖园；西南有风氏园；正北有窑台；东北有香冢、鹦鹉冢，以及近代的醉郭（郭瑞，据说是天桥八大怪之一）墓、赛金花墓、高君宇和石评梅墓、梨园义地等。这些历史遗迹产生年代有早于陶然亭的，有的甚至早于慈悲庵。它们都有文人墨客觞咏的历史，经历过各领风骚的辉煌时期。新中国成立后这里被辟为陶然亭公园，湖山相映，是南城难得的游览胜地。20世纪50年代，长安街牌楼拆除后移建在公园内（后来"文革"时被拆毁，现在又予重建），原在中南海的云绘楼和清音阁也移建在了这里（至今尚存）。

右安门内迤东、陶然亭迤西有一座监狱，就是清末民初建的北京第一监狱，从半步桥经里仁街直抵南城根，像自新路、育新街即因监狱而得名的街道。"文革"期间在右安门东护城河内沿还可见监狱的南大门。后来，这里成了监狱管理局和中心医院，还开发了清芷园小区。

右安门迤东河沿儿内，原有个汽修四厂，其实是生产公共汽车的。2000年之前，北京的公共汽车，甭管是单机还是大通道车型，都从这儿源源不断地开出。最后的品牌应该叫"京华"吧。

右安门内迤西原为皇家南菜园，后演变为苗圃，1984年为拍电视剧《红楼梦》在此仿建大观园，园子大门外正对的南护城河上还建造了一座汉白玉石拱桥。按规制每座城门只有一座护城河桥，正对城门出口。护城河其他位置没有桥。正对大观园这座石拱桥就很特别了，其所用汉白玉石材与皇家园林所用石材，皆产自房山石窝村。

喜仁龙在《北京的城墙和城门》一书中，不同于其他城门的描述注重建筑结构和样式，对右安门的大幅重墨描述更像是一个艺术家的抒情："从此门始，自然风景便渐入佳境，这里没有铁路、汽车等现代化设施的骚扰，保持着田野般的静谧。参观这座城门，无非是领略一下老北京生活中的令人陶醉的田园情趣。到此门中间须经过一片有如老式村庄的城区，还要穿过燕麦地和高粱地。这种旅行会使你感到在时间和空间上都远离中国首都的现代化地区。所谓'门楼'，是一座低矮的单层建筑，墙涂成粉红色；四周有回廊，面宽16米，进深9米；保存完好，显系近代重建。城楼台座为明代建筑，饱经日晒雨淋，部分已颓圮，还有几处被树根撑裂。高大的椿树从裂缝中横生而出，浓密的树叶形成一道屏帷，遮蔽在回廊前面……在黑黝黝的拱门和券洞前，椿、柳葱郁，日影斑驳；从此门向瓮城内望去，或登箭楼远眺田畴，景致极佳。此处美景天然，环境清幽，无行人往来之喧扰。大车和人力车也罕至此处。夏天，偶有个别农夫，肩挑长扁担，两头挂着装满新鲜蔬菜的筐子，从此门经过——却只不过更浓化了这世外桃源的梦境般情调。"

他在后文还写道："此楼之所以颇可一观，主要是由于它的不大而恰到好处的规模，以及附近平庸无奇的建筑的反衬……狭窄的护城河上跨有一座古老石桥，但桥两侧的河道却较宽，形成一处浅塘，雨后尤其如此。向南不远有一道沟渠——或许是一条护城河的分支，上面有一座较小的石桥。这样，一座座桥梁和偎依在城墙下的土屋，以及瓮城内外的树木，便和城门和周围景物紧密地编织在一起。确实，在这幅与其说是人类毋宁说是大自然绘制的美妙无比的风景画中，城门只不过是最后的一笔。这幅风景画的魅力和特色，随着季节和时辰的交替而变幻无穷，但毫无疑问，芦苇丛生与荷花盛开的仲夏时分，景色最为绚丽，最为迷人。那时，高高柳树的绿色帷帘，几乎低垂到土道上，椿树的枝叶浓密拂掠着城墙。零零落落的行客，昏昏欲睡地骑着驴从城门穿过。空气令人窒息，土道和石桥热可炙手。凡走动的人，谁都无法躲避这暑热，只有晒得黝黑的儿童例外，他们与白鸭为伍，在护城河的浊水中扑腾、嬉闹。眼前正是一幅北京之夏的缩影：在这郁郁葱葱、生意盎然的环境中，古朴的城门把圮颓的城市和恬静的乡村浑然一体地联系起来。"

右安门外的遗迹景观不光如此。城外不远就是二道河（凉水河，金中都南城壕故道）；稍西南是北京著名的五顶之一的中顶［碧霞元君庙，清乾隆三十五年（1770）重修，民国时又重修，现存山门、大殿］；再南为草桥，据说唐代已有桥名，明代成村。明刘侗、于奕正著《帝京景物略》载："右安门外南十里草桥，方十里，皆泉也，会（汇）桥下，伏流十里，道玉河以出，四十里达于潞（通州潞河）。故李唐万福寺，寺废而桥存，泉不减而苻荷盛。"草桥种植鲜花、蔬菜历史悠久。《帝京景物略》又记："土以泉，故宜花，居人遂花为业。"当地人培育出的四季名花，犹以"芍药甲天下"。草桥的养花业已有几百年的历史，元朝已闻名，盛于明清两代。迨至清末，这一带区域被叫成了黄土岗，1958年这里建立起黄土岗人民公社，1987年设黄土岗乡，再后来就成了现在的"花乡"。

  说起黄土岗这片区域，就引出了一个人物——廉希宪。乃父布鲁海牙，先祖为高昌回鹘世臣，即畏兀儿人。元太宗窝阔台汗执政时被任命为燕南诸路廉访使，所以他给后代起了汉姓"廉"。廉希宪是元初名臣，曾驻守陕西。早在元宪宗蒙哥汗时，廉希宪就在忽必烈手下任职。蒙哥汗崩，其弟忽必烈和阿里不哥发生权争。忽必烈因长居汉地，欲建立一正统王朝，而阿里不哥则坚持游牧传统，仍要维持草原帝国。廉希宪拥忽必烈继位，向他建议"早承大统"。忽必烈继位称帝（元朝）后，廉希宪出任京兆宣抚使，直至高居丞相。据说布鲁海牙和廉希宪父子都曾被封为魏国公，所以大都的畏兀儿人驻地就被称作了"魏公村"（即现在白石桥北之魏公村）。廉希宪是元代的穆斯林，也是著名儒者，常以伊斯兰教义和孔孟之道进说元世祖忽必烈。他一生清贫廉洁，为政刚直不阿，曾因面忤世祖被罢官。相传廉希宪在大都西南，即"花乡"之地，修有花园和别墅，种有不少柳树，曾名"万柳堂"，后世也多有在此建别业者。后来的"花园村（翠林小区所在地原名）""万柳园""万柳桥（南三环）"等名称，应该都是用典于此。

  1954年，右安门城楼、箭楼和瓮城被全部拆除。

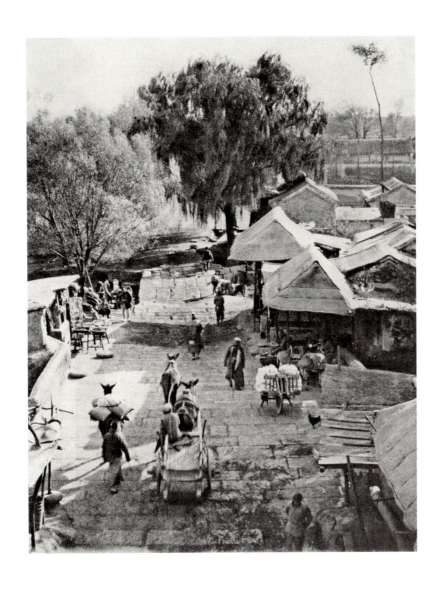

1 1916～1918年，右安门箭楼下护城河桥内外。由箭楼上透过箭窗向南俯拍
[（英）唐纳德·曼尼]

2　1920～1921年，右安门城楼北面（城里）。在城里向南拍摄，透过城楼门洞可以看到箭楼门洞和城外［(瑞典)奥斯伍尔德·喜仁龙］

3　1920～1921年，右安门城楼南面，由箭楼门洞北望瓮城内［(瑞典)奥斯伍尔德·喜仁龙］

4　1920～1921年，右安门箭楼南面（瓮城外），出城的驼队［（瑞典）奥斯伍尔德·喜仁龙］

5　1920～1921年，右安门外，箭楼南面护城河分水濠石板桥［（瑞典）奥斯伍尔德·喜仁龙］

6 1920~1921年，右安门外石桥。护城河中有孩子在戏水 [（瑞典）奥斯伍尔德·喜仁龙]

7 1920~1921年，右安门箭楼南面（瓮城外护城河）[（瑞典）奥斯伍尔德·喜仁龙]

8 1934年，雪后的南西门（右安门）。在城外由东向西拍摄，画面中可以看到右安门箭楼和瓮城

永定门

永定门小传

永定门是北京外城南垣之中门,位于北京城中轴线之最南端。始建于明嘉靖三十二年(1553)北京外城兴工之时,瓮城建成于明嘉靖四十三年(1564)。清乾隆三十一年(1766),提高规制,重建城楼,加盖箭楼,从而达到后来保持了二百年的典型式样。永定门最早被称为"正阳外门",明嘉靖四十三年正式命名为永定门。因永定门为皇都最外边的门,外罗城又称为外郭,且门外有一元大都时南方之镇的土皋(燕墩),故又称之为"郭门"或"皋门"。

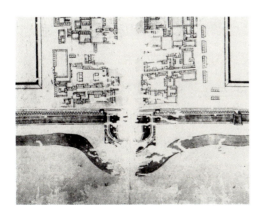

清乾隆十五年《京城全图》上的永定门图

北京外城最终的样子是因当时国力不济，不得不退而求其次、缩减规划的结果。原计划外城为四面之制，外包京城，成"回"字形格局，实际仅完成了城南一面。规划外城周围将近80里，辟11门，南垣20里，最后南垣也仅建成13里，即北折在东西两面包砌于京城东南角楼、西南角楼处，新建外城总长度为28里，辟有7座城门。总建筑规模不及原规划的三分之一。最后北京城的格局就成了"凸"字形，一直延续到被彻底拆除。大明朝君臣原打算财力宽裕后再完成四面之制，可是到明亡也未能如愿。增建外城是为了加强帝都的安全，巩固城防。所以，城门的命名除两便门外（两便门是临时设置，俟完成"四面之制"后，当予拆除），其他门的名字中都带有"实京城""保安宁"的祈愿，永定门的寓意自然就是永远安定了。由于"外城"实际上并不在"内城"（京城）的外面，而是在南面，所以北京的"外城"其实应该叫"南城"。又因像在京城南面戴了一顶帽子，所以也称之为"帽子城"。清代沿用此格局未变，只是对城门和城墙进行过改建、增建和多次修葺。

永定门城楼形制一如内城，为重檐歇山三滴水楼阁式建筑，屋面为灰筒瓦，没有绿琉璃瓦剪边，屋脊、鸱吻、脊兽也都是不挂釉的灰（黑）活，戗脊走兽5个。城楼的尺寸与内城城楼有所不同，进深很小，但很宽。廊面阔7间，进深3间，楼宽19.8米，通宽24米，楼深6.1米，通进深10.2米。楼连台通高26米，其中城台高8米（厚约15米），楼高18米。屋面由柱、梁、斗拱撑持，再以檩为中介承托着椽飞。二层平座不似内城城楼仅以斗拱支撑，而是由立于梁上的柱子撑持，平座四角有戗柱支撑着二层檐角。上层重檐下的斗拱为三铺作，而底层檐下的斗拱为二铺作。城楼门洞辟于城台正中，为三伏三券式券洞门，券洞门北侧外两边分别倚城台内壁修有呈倒"八"字形的登城马道。这是清乾隆三十一年（1766）改建后的形制，永定门建成之初，城楼当与外城其他门形制相同，瓮城仅辟有瓮城门洞，无箭楼。这次重修改建，使永定门城楼的规制提高到了与内城城楼规制相似的程度。

重建后的瓮城加宽加大，呈方形，两外角为圆弧形，东西宽42米，南北深36米，墙厚6米。并加盖了箭楼，箭楼城台厚约9米，高7.8米，箭楼为单檐歇山堡垒式建筑，灰筒瓦顶，戗脊走兽5个。面阔3间，进深1间，宽12.8米，深6.7米，高8米，楼连台通高15.8米。瓮城门洞位于箭楼城台正中，五伏五券式券洞门，正对城楼门洞。箭楼东、西、南三面各辟箭窗二层，南面每层7孔，东、西两侧面每层3孔，共计有箭窗26孔。北侧面（临瓮城一面）砖墙正中辟一实榻大门，是为楼门。永定门箭楼与广渠门、广宁门（广安门）规制相似，但其与新改建的城门楼配对，就显得太小，很不协调，总有些头重脚轻之感。若再加大箭楼体量，则与外城垣高度不匹配；若整体提高外城规制，则工程浩大，非可轻举之事。形成如此格局，想必当时也属无奈吧。

外城建成之后，北京城的中轴线由正阳门延伸至永定门，北距钟楼达8公里，从而奠定了北京城中轴线作为城市中轴线世界之最的基础，至今仍是世界上现存最长的城市中轴线。永定门是外城最重要的城门，是从正阳门一直延伸下来的笔直通衢的终点。由城楼上北望，晴朗的天空下，大街东西两侧分列的是天坛和山川坛（先农坛）的坛墙，再北则是鳞次栉比的店铺，一直延伸到正阳桥五牌楼，一派繁华街市的瑰丽景象。极目远眺，正阳门雄峙北端，与永定门南北呼应，天街的壮丽画面，给时人的观感会是何等震撼。

与永定门城楼遥相呼应的还有一处北京重要的历史遗存，即燕墩，始建于元朝，今位于永定门外大街紧邻路面（南中轴线延长线）西侧，距永定门城楼有300米左右。元、明两代北京有"五镇"之说，至清代又将"五镇"具象化。"燕墩"即为南方之镇，因南方在"五行"中属火，故堆烽火台以应之，因此又名"烟墩"。据《日下旧闻考》载："燕墩在永定门外半里许，官道西。"清朝人杨静山在《燕墩》诗句中有：

沙路迢迢古迹存，石幢卓立号燕墩。

大都旧事谁能说，正对当年丽正门。

永定门建成后，并不是正对燕墩，而是略偏东，即燕墩并不在明北京城中轴线的延长线上。史载明初改造元大都、重建北平城时，在元大都中轴线略偏东处重新确定了北京城的中轴线，重新规划了从钟鼓楼经宫城到正阳门一线上的建筑，确立了后来北京城的格局。由于燕墩"正对"元大都丽正门，可见元朝建的燕墩是位于大都城中轴线南延长线上的，自然与明北京城的中轴线有了偏差。燕墩底座为高近9米的墩台，台底各边长14.87米，台面各边长13.9米。台顶四周原有高约1米的女墙，现已毁没。墩台中央矗立着一座高近7米的方形大石碑（石幢），为清乾隆时立。碑上用满汉文字刻着乾隆帝御制《帝都篇》和《皇都篇》。碑座四周雕着24尊神像，顶部雕有龙纹。燕墩记述了燕京建都概况。因此，它不仅有很高的艺术价值，也有很高的历史价值。碑文镌刻于清乾隆十八年（1753），距今已超过270年。

永定门城楼与内外城其他所有城楼相比，一个最显著的区别就是城楼外侧重檐间既挂有城门木匾，城台正中又镶有城门的石匾额。而正阳门城楼只在重檐间挂城门木匾，其石匾额镶在箭楼的外侧城台正中。其他内外城门只有城楼城台正中镶石匾额，无城门木匾，箭楼均无门额。

说起门额就要说一下永定门石匾额的"重新"发现。这块石匾"原件"现存首都博物馆，有报道说是在2003年复建永定门城楼开工前，被人记起在先农坛树下埋有一块与永定门有关的石头，挖出一看果然是永定门石匾额。据当事人回忆：1989年北京古代建筑博物馆曾向首都博物馆借来这块永定门石匾，因过重无法展出，就地（先农坛）掩埋保护了。经查首博的征集记录，石匾是1962年从大慧寺征集来的，而这块石匾如何到的大慧寺就无从查考了。又据专家考证，这块石匾是明嘉靖三十二年（1553）建外城时原装的。这里不免产生疑问，要是原装，则已不在城门上长达几百年了，保存得这么完好，就没有一点传承的蛛丝马迹？内外城十六块门额就留下了这一块？清朝入关进北京后，城门石匾就都换了满汉文的。进入民国又换成了汉字新石匾，是民初内务总长朱启钤请杭州名士邵章先生为北京各城门重新题写的。民国北京城门石匾硕果仅存的就是正阳门箭楼上的那块了，字体应该是隶书，明显与永定门的楷书石匾不同，可是从其他门的民国时期照片看，其他门额确是楷书，像安定、东直、朝阳、阜成、宣武、东便、西便等门。传言从明朝开始北京各城门的匾额，门字最后一笔都不带钩，民国邵章先生题写的"正阳门"石匾上的门字不带钩，永定门木匾和其他门石匾的"门"字也不带钩。这块重新发现的永定门石匾上的门字是带钩的，字体是楷书，"门"字钩的尖端已缺角（不知是就写成这样，还是磕掉了？），但2004年复建的永定门城楼新仿石匾"门"字钩的角被补上了。

上面这些，是想说明笔者对新发现的"原装"永定门石匾持怀疑态度。我认为那不是明嘉靖年间的石匾，而就是民国时邵章先生所书的永定门石匾，抑或是当时刻坏了的"废匾"（"门"字带钩了）。若真是原装，历经四百余年，石材的露天风化程度也不应该是现在首都博物馆看到的样子。因为明朝所遗留的石刻件，已大多都有了类似钟乳石上的"泪痕"，而这块匾身上有的只是磕砸的痕迹。这块"永定门石匾"虽不似新刻，但也不会超过百年以上很多。所以我斗胆判断，它就是一个民国石匾。城楼上的木匾在1957年拆除时还算不错，留存了下来，是民国时的汉字匾，现藏于首都博物馆。匾上字体为楷书，门字不带钩。按理说，木匾保留了，石匾当一起留存。

1951年因改善交通需要，永定门瓮城被拆除，同时在城门东侧开了豁口，1953年辟西侧豁口。1957年，又以妨碍交通和已是危楼为由，将城楼和箭楼彻底拆除。

永定门被拆除46年后的2003年，在北京市人大代表的提议下，为了恢复北京中轴线的城市规划和景观，市政府终于决定重建永定门城楼。2004年9月，永定门城楼在原址复建完成。复建后的城楼规格为：城台东西长31.4米，南北宽16.96米，高8米，城楼（脊）总高（楼连台）26.04米，为歇山式三滴水原样式，城楼彩绘采用雅五墨旋子彩画。此次复建永定门城楼，是根据1937年北平市文物整理委员会对永定门城楼的实测图，1957年拆除时绘制的建筑结构图，以及故宫博物院保留的永定门建成以来各种文字、图片数据，最后形成复建方案和图纸，在原址采用原材料、原形制、原结构、原工艺进行的。复建虽然还存在一定的问题，但能够恢复北京中轴线最南端的标志性建筑已属不易，非常令人欣慰。

1　1900～1901年，永定门西南面瓮城外，八国联军攻城时楼顶被轰漏。选自八国联军相册

2 1901年,永定门东南面(瓮城外)[(日)小川一真]

3 1901年,永定门内大街,在天桥的某高处向南拍摄。大街两侧分别可见天坛和先农坛的坛墙[(美)伯顿·霍姆斯]

4　1902～1905年，永定门箭楼外西南侧，画面可见围绕瓮城的外城南护城河及石桥

5　1902～1905年，永定门西南面，瓮城外护城河

6　1916~1918年，永定门箭楼南面（瓮城外）[（英）唐纳德·曼尼]

7　1920~1921年，永定门护城河桥及桥南河沿店铺，永定门外关厢。远处南偏西可见燕墩。由箭楼西侧城台上向南拍摄 [（瑞典）奥斯伍尔德·喜仁龙]

8　1921年，永定门及瓮城南面全貌。由护城河南岸向北拍摄［(瑞典)奥斯伍尔德·喜仁龙］

9　1920～1921年，永定门城楼南面（瓮城内）［(瑞典)奥斯伍尔德·喜仁龙］

10 1920～1921年，永定门箭楼北面（瓮城内）[（瑞典）奥斯伍尔德·喜仁龙]

11 1920～1921年，永定门西面（瓮城外护城河）[（瑞典）奥斯伍尔德·喜仁龙]

12 1946年，永定门迤东护城河，人们在冰封的河面上取冰 [（德）赫达·莫理循]
13 1946年，永定门瓮城外西面城根 [（德）赫达·莫理循]

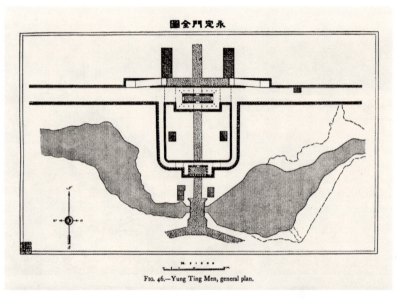

FIG. 46.—Yung Ting Men, general plan.

14
15 16

14 奥斯伍尔德·喜仁龙在1924年出版的《北京的城墙和城门》一书中绘制的永定门全图，清晰绘出了城楼北侧的登城马道，这是实测图

15 永定门城楼城台上的老石匾，据专家考证是明朝原物（"门"字右竖带钩），现藏于首都博物馆

16 原永定门城楼上的木匾。民国刻汉字楷书匾，"门"字无钩，现藏于首都博物馆

外城角楼

外城角楼小传

北京外城角楼位于外城四隅，包于内城西南角的西段北垣与外城西垣相交的一隅是为外城西北角，立角楼一；包于内城东南角的东段北垣与外城东垣相交的一隅是为外城东北角，立角楼一；外城南垣未按规划修足18里，仅够13里就在两头北折，起外城东垣和西垣，外城东、西垣分别与南垣相交的两隅，即为外城的东南角和西南角，各立角楼一。

由于记录北京外城角楼的史料有限，对外城的表述也仅是说明何时完工、辟几门、何时增修瓮城、何时添建箭楼，关于角楼本身多是语焉不详。多数现在介绍北京城的文章中，涉及外城角楼的，大多就是笼统注明建于明嘉靖三十二年（1553），想当然地认为外城建成时就有了角楼。在明嘉靖三十二年计度外城时，规划是四面之制，辟城门十一，四隅立角楼。但在是年十月工成之时，实际上仅修了南城一面，当时是属于阶段性完工，将来还要完成其他三面呢。所以当时包在京城南面的"帽子城"，仅辟五门和朝北的俩临时便门。《明世宗实录》也仅说嘉靖三十二年十月外城完工，皇帝给五门命名，两便门都没提，也没提角楼建没建。瓮城尚没有建，角楼想必也不会建，因为"帽子城"的四隅，远不是原规划北京外城的四隅。待到嘉靖四十三年（1564）增修外城各门瓮城时，也只提到"崇甃深浚"，即在城门建瓮城，护城河加深，也没有加建角楼之意。

明崇祯八年（1635）曾有一次较大规模的外城修缮，此时李自成起义已在全国汹涌兴起，挥师京城只是时间问题，在此期间为固京师，是否增建了角楼还有待史料佐证。所以有明一代，京师外城是否已建有角楼，尚且无法定论。北京外城角楼也可能是在清朝乾隆初年修建的，确切地说应该是在乾隆十五年（1750）之前兴建的，因为是年的《京城全图》上已标绘有外城角楼。与重建外城瓮城、增建箭楼的工程或是前后脚进行的。喜仁龙在1920～1921年对北京城墙城门的考察中，根据城砖的年代，也判断外城角楼是建于18世纪，或在此时做过大规模整修，这也算是一个佐证吧。因为北京外城，不是一次性完工的，从外城初建到各城门形制基本稳固下来，持续了约两百年，这中间还经历了朝代更替。所以我觉得老照片影像展示的北京外城角楼始建于清乾隆初年的说法是靠谱的。

北京外城角楼不论是从规制上，还是体量上，都远逊于内城角楼。但是从建筑设计上又非常巧妙，与外城墙的体量搭配也非常合理和匀称。就像灵巧的亭台楼阁点缀在外城的四隅，它那歇山十字脊出宝顶，方形堡垒式的独特造型，也是中式古建筑多样性变化的典范。从单檐歇山式和两排箭窗的设计看，与外城箭楼的形制相同，这使外城整体上的统一性达到了高度一致，同时也可印证它们是同一时期的产物。角楼建在伸向城墙外达3米多的方形城台上，城台基宽约10.5米，顶宽约8.5米。屋面为灰筒瓦、十字脊、宝顶、鸱吻、走兽，戗脊走兽为5个。面阔、进深均为1间，宽度为6米。楼高7.5米，楼连台通高16.6米。角楼外壁为磨砖对缝清水墙，自下而上有收分，内壁是垂直白色混水墙。下部壁厚约1米，上部壁厚约0.75米。外城角楼设2排箭窗，朝向外的两面每排3孔，共12孔；朝向城墙的两面每排2孔（靠近外侧），共8孔，总计20孔箭窗。4个角楼东、西向朝向城墙的一面楼体墙上，靠内侧（箭窗是靠外的）辟有1个单扇过木方门［参阅内城西北角楼旧照（喜仁龙1920～1921年，外城西北角楼内侧东面）］。

外城东北角楼在1900年毁于八国联军之手。外城西南角楼和东南角楼在1950年普查时都仍在。西南角楼于1954年1月被拆除，西南角楼城台及迤北迤东的两小段城墙围起的院落得以保留，后来成为宣武区体育运动委员会的射击场。1975年取消射击运动，改为军体项目摩托车训练场，这一小段城墙拐弯，迟至20世纪80年代末，摩托车运动取消后被全部拆除。外城东南角楼于1955年被彻底拆除。外城西北角楼周围的景色较美，还有西南侧的天宁寺塔相映衬，不同于南垣两城角周边的荒凉，现在所能见到的老照片也最多，但还是于1957年大规模拆除外城城墙时被拆毁了。到1958年，那一带的城墙、角楼城台完全被夷为了平地。

2015年底，历时两年的外城东南角楼复建工程完工，总体上恢复了老北京城外城东南一隅的风貌。但在复建角楼的建筑细部似有与原角楼形制不符之处。角楼两内侧面各少了4孔箭窗，致使新复建角楼仅有两外侧面的12孔箭窗，而不是原来四面共20孔箭窗。进楼门原角楼是开在朝西一面4孔箭窗内侧的墙体上，是一单扇过木小门，箭楼北侧无门，新复建角楼变成了北、西两面墙体中央各开了一个双扇实榻门。

外城东北角楼

清乾隆十五年《京城全图》上的外城东北角楼图

1 1909年，外城东北角楼残迹，庚子年被八国联军轰毁。水面为大通桥迤东通惠河（此段也是外城东段北护城河）[（美）约翰·詹布鲁恩]

2 1920～1921年，外城东北角楼城台（角楼已圮）及迤西外城北垣东段外壁，城台上仿砌了雉堞[（瑞典）奥斯伍尔德·喜仁龙]

3 1920～1921年，外城东北角楼城台（角楼已圮）及迤南外城东垣、护城河、石桥（头道桥）[（瑞典）奥斯伍尔德·喜仁龙]

外城西北角楼

清乾隆十五年《京城全图》上的外城东北角楼图

4　　1906～1909年，外城西北角楼西面，南行的驼队 [（美）雷尼诺恩]

5　1912～1915年，外城西北角楼西北面〔(美)雷尼诺恩〕

6　1924～1927年，外城西北角楼西北面。这里是三岔交汇处，东来的外城北护城河、西北玉渊潭流注的引水渠汇流南折后，汇入外城西护城河〔(美)西德尼·甘博〕

7　1928年前后，背景为外城西北角楼西面，画面左下方为城外的骑驼人

8   1930年前后，此时下雪了，能看见外城西北角楼西北面，画面中还有一个拉洋车的车夫 [（德）佩克哈默]

9   20世纪30年代，外城西北角楼西北面，过小桥北行的驼队 [（法）亚瑟·德·卡瓦略（也被称为谈卡法卢，Dr. Arthur Alfred de Carvalho）]

外城东南角楼

清乾隆十五年《京城全图》上的外城东南角楼图

10 1920～1921年，外城东南角楼西面及迤西外城南垣，护城河在左安门瓮城外呈弧形绕过，外城东南角楼与左安门城楼之间的城墙上只有一座墩台［（瑞典）奥斯伍尔德·喜仁龙］

外城西南角楼

清乾隆十五年《京城全图》上的外城西南角楼图

11 1902～1905年，外城西南角楼西南面。选自八国联军相册

12 1902～1905年，外城西南角楼西南面，远处是右安门。选自八国联军相册

13 14

13 1920~1921年,外城西南角楼南面[(瑞典)奥斯伍尔德·喜仁龙]

14 1966年,外城西南角楼遗址航拍(上北)。角楼城台迤北迤东的两小段城墙围起的院落是宣武区体育运动委员会的射击场,1975年,改为军体项目摩托车训练场

内外城接合部碉楼

内外城接合部碉楼小传

明嘉靖年间，北京外城建设工程启动。正如在"东便门小传"中所说，最初是毛伯温建议加强城防，嘉靖帝虽支持这项建议，但因工程浩大、花费甚多，而不得不将此事一拖再拖，直到十年后才批准开工。而原计划也并不是如今我们所见的格局，而是完整的四面城墙环绕整个京城。当然，还是因为资金问题，南面城垣最后未能完全建成，形成了"凸"字形格局。该工程于1564年完成。

外罗城的建筑堪称草草收尾，最终外城北垣只有东西各一小段连接在内城城墙上。东段北垣仅略包过内城东南角楼，即与内城东垣接合。因外城墙体矮于内城，只好在抵内城根的外城墙端修起一座歇山式碉楼与之相接合，想要登上内城垣，就得走上碉楼内的梯道。碉楼朝外的墙面开有两排窗子，共8个，战时也可当箭窗用，俗称"八瞪眼"。

西段北垣正对着内城西垣南段的第一个墩台修筑，所以接合部碉楼是与墩台"马面"的正面相接的，而不是接合到内城墙体上。从这一细节可推测，这在当时应该是带有临时性质的设置，没想到这一个"临时"就延续了四百多年。

1958年，为了修建新北京站，外城东段北垣、东便门到内外城接合部这一线都被划入了拆除范围，内城东垣的内外接合部碉楼在此时被拆除了。

　　再到1965年，北京地铁一号线工程开工。为此，当时还存在的北京内城垣和城门，除正阳门、德胜门箭楼和东南角楼未拆除，其他几乎全部被拆。京城西侧内外城接合部的一小段长约100米的内城西残垣，因为被地铁施工单位用作堆放建筑材料的货场围墙而未被全部拆除，由于没有影响修地铁和地面道路，后来也没来得及拆。1988年北京市政府整修了紧靠内城西南角楼遗址北侧的195米残存内城墙，并且在内外城接合部"原址"复建了"八瞪眼"碉楼，保留了7处断面遗迹。不过修缮时，新恢复的内外城接合部的碉楼与原规制、外观等均不一致。原式是歇山小式，建在外城墙上，紧贴在内城墩台正外面，而新建的变成了硬山式，建在内城墙墩台上面了，这显得也太不符合原制。

京城东侧内外城接合部碉楼

清乾隆十五年《京城全图》上的东段内外城接合部（图中未画出碉楼）

1　1879年，内城东南角楼东南面，迤北东垣高出城墙的建筑是京城东侧内外城接合部碉楼，因设有8箭窗而被称为"八瞪眼"，碉楼下较矮的城墙是外城垣，接合部是在紧挨角楼的东垣外壁上，与京城西侧的内外城接合部不同。近处可见通往东便门西水关的水道，远处可见崇文门。选自《北京摄影集》(Album of photographs of Peking and its environs)

2 1900年，内城东南角楼南面、内外城接合部碉楼（角楼北侧），均被八国联军炮火轰毁。画面前方为八国联军捣毁的城里民房［（日）山本赞七郎］

3 1900年，京城东侧内外城接合部碉楼，上部已遭八国联军炮轰塌毁，还可见东便门西水关和内城东南角楼［（德）穆默］

4 1920～1921年，内城东南角楼北侧。内外城接合部的碉楼顶部在八国联军入侵时被毁坍塌，未曾修〔(瑞典)奥斯伍尔德·喜仁龙〕

京城西侧内外城接合部碉楼

清乾隆十五年《京城全图》上的西段内外城接合部（图中未画出碉楼）

5 1905年前后，外城西段北垣与内城西垣接合部碉楼，位置为内城西南角楼迤北第一个墩台（马面）正外面。内城护城河由西便门东水关进入外城，此时为枯水期，一人骑着骡子经过跨河搭的便桥

6 1920～1921年，外城西段北垣与内城接合部碉楼。西便门东水关（外城进水口，三孔）内压桥上走过的驼队 [（瑞典）奥斯伍尔德·喜仁龙]

外城四壁、护城河

外城墙垣小传

外城北垣其实就是外城东、西垣连接内城的两小段跨接城墙。东段北垣长约750米,其间辟有东便门,门左右各有一水关;西段北垣,全长不足500米,其间辟有西便门,门右(东)有一水关。外城墙规制远低于内城墙,20世纪20年代初奥斯伍尔德·喜仁龙对北京外城北垣的测量数据是:外侧高7.15米,内侧高5.8米,基厚13.3米,顶宽10.4米。这个数据表明外城北垣的顶宽、基厚、高度尺寸均略大于外城其他三面城垣,较内城垣平均低5~6米,几近内城墙高度的一半。

这两小段北垣当初建的时候是临时性的,大明嘉靖皇帝还想着有钱了以后,得成"四面之制",这段临时的城墙也就会随之废去。可没承想,这一临时就临时了四百多年,四百多年后,临时城墙废倒是废去了,他一定没想到整个"城"也消失了。

外城东垣是明嘉靖年间建成。当初修筑外城时,首先修筑的是南垣,规划南垣修筑18里,东、西垣各修筑17里,北垣修筑18里,全长70里,将京城包围其中。然物力不济,外城南垣仅修筑了不足13里即在东、西端北折,仅包住京城东南、西南角即告收尾。这样,外城东、西垣修筑的长度仅为规划的三分之一,即6里左右。

外城东垣南端并不规整,不像西垣是南北笔直的,而是在广渠门迤南略有偏东,到南端又明显折向西。所以,外城东南角楼非常靠近左安门,相距也就半里许。就像内城西北角向南折一样,外城的东南角是向西折的,所以外城东垣相比西垣略长了一些。喜仁龙对北京外城东垣的测量数据(从南向北)是:外侧高5.8~7.15米,内侧高5.05~5.8米,基厚12.2~13.3米,顶宽9.82~10.4米。这个数据表明外城东垣由北向南逐渐矮于外城北垣,高度、顶宽和基厚略大于外城南垣。

北京城迤东为平原地区,历史上有多条河流承担着漕运任务,而最早的萧太后河由城东北南行,至外城东垣外老虎洞再东南行,在通州与凉水河相汇,然后连接大运河,最后连接津沽的海运和南方的漕运。在元朝时,坝河、通惠河修通以前,萧太后河是大运河连接大都的主要河道,北面可直达大都光熙门外,与大都护城河相连接,在大都南面经大都南垣外的三里河与南护城河相通。通惠河修通后,萧太后河与坝河的漕运功能逐渐减弱,但城市排水功能仍在。修筑外城东垣时,所辟城门正对着萧太后河上的大通桥,距城门也就是500多米,所以最初这个门就叫大通桥门,后来在东便门外的通惠河上另修了一座三孔闸桥,大通桥之名就挪到了这里,原萧太后河上的大通桥也就不再叫大通桥了,随即城门也改成了广渠门,从字面上看是四通八达之意,并且与河流有关。萧太后河到民国仍然如故,后来从地图上看就断在了大望路以东,再往西、往北就都湮没在了新建城市建筑的下边。不过,留下来的一些地名和萧太后河还是有些关联的,像松榆里、垂杨柳、秀水街、芳草地、东大桥等,虽未深入考证,但这些地名都散落在萧太后河故道一线,应该与萧太后河不无关系吧。

外城西垣的修筑情况与外城东垣相类似，西垣基本上是南北垂直修筑，所以长度略短于东垣，高度同东垣，但顶宽平均仅4.5米，基厚仅7.8米，所以西垣是外城厚度最窄的一面城墙。原规划外城西垣的位置应该在金中都城旧西垣一线（现在的北京西站南广场偏东的南北一线），即把旧南城全部围进来，但实际上仅围进来了一半。外城西垣实际修筑的位置在金中都皇城中轴线上（现在二环路的"西厢"）。原在金中都城里的天宁寺（天王寺）、白云观（长春宫）就被隔在了外城西垣的外边，形成于元代的白纸坊也被分割成了城里城外两块。外城西垣所辟城门广宁门（清道光年间改名广安门）是在原金中都西之北门彰义门内的彰义门街上，后来的四百多年间，京城百姓仍一直俗称它为彰义门。出广安门，经卢沟桥，沿太行山左南行的官道是明清京城连接南方各省的主要通道。庚子之变后，"卢汉铁路"由广安门迤北的外城西垣破城而入，一直沿内城南垣外修到正阳门西，所以就变成了"京汉铁路"。

外城南垣是在明嘉靖年间修筑外城时，按照规划最先修筑的一面城墙，当时是紧贴天地坛（天坛）、山川坛（先农坛）南坛墙外的东西一线修筑的，将二郊坛围入城里。外城南垣到内城南垣的距离大约为5里。喜仁龙对北京外城南垣的测量数据是：长度为7800米，外侧高5.8～6.18米（两头到中间），内侧高5.05～5.62米（两头到中间），基厚11.8～12.2米（中间到两头），顶宽9.82～9.9米（两头到中间）。这个数据表明外城南垣是老北京城墙最长的一面，也是平均高度最矮的一面，平均厚度略薄于外城北垣、东垣，厚于西垣。

外城南垣的修筑未能利用原金中都城南垣的旧墙基，而是在其北大约1公里的东西一线修筑的，所以外城南垣的基准是天坛、先农坛的南坛墙，两端的位置是包围住了内城南垣即折向北修筑。外城修筑好以后，北京城与周边的分野也稳定了下来，持续了四百多年、三个朝代，城里城外须臾不可混淆。随着钟鼓楼的晨钟暮鼓，到点儿开城门，到点儿关城门，那是一日都不得含糊。自20世纪50年代拉开拆城序幕，北京城的分野就开始模糊了，开始分不清城里城外了，再后来就没城了，也就不分里外了。

老北京城的护城河也被称作城壕，也就是为了护城而挖的壕沟。应该还是要归于运河的范畴，运河者，人工河也。河流时间长了，泥沙俱下，必然壅塞，所以要经常疏浚。像护城河这种走矩形的河流，在城角拐弯处，更易壅塞，所以在城角拐弯是拐的大弧度弯，并且河床变浅。外城护城河不像城门、城墙与内城差距那么大，还是挺宽挺深的。外城护城河延续至今，东、西厢和南二环的建设与城河尚属相得益彰。

外城北垣

1 1901年，西便门外西北钓鱼台（玉渊潭）流入外城护城河的支流上的小桥（外城垣西北角外）[（德）穆默]

2 20世纪10年代，外城西段北垣内（西便门内）行走的驼队 [（美）雷尼诺恩]

3   1920~1921年,东便门外东水关压桥(二道桥,外城东段北垣)下的三孔出水口外侧。桥上的路从东便门出来,不过大通桥右拐,沿外城北垣外城根,顺通惠河南沿东行可达通州。可见水关西侧护堤上的镇水兽趴蝮,远处为大通桥[(瑞典)奥斯伍尔德·喜仁龙]

4   1920~1921年,东便门西水关外,大通桥西的内外城护城河汇合处水面。有三艘在内城东护城河载客的游船停靠在北岸。图为摄影师在城墙上雉堞破损处向东偏南方向俯拍[(瑞典)奥斯伍尔德·喜仁龙]

5 1924~1928年，外城西段北垣外壁唯一的墩台。护城河沿有一列驼队。选自《亚细亚大观》

外城东垣

6　1920～1921年，广渠门迤北外城东垣外壁、墩台及护城河［(瑞典)奥斯伍尔德·喜仁龙］

7　1920～1921年，外城东垣内壁（近景）［(瑞典)奥斯伍尔德·喜仁龙］

8 1920～1921年，外城东垣内壁（远景）[（瑞典）奥斯伍尔德·喜仁龙]

外城西垣

9　1860年，背景是外城西垣广安门迤北的城墙外壁，前面是天宁寺塔东偏南的宏化寺大机老人塔及覆钵式残塔（东向）[（英）费利斯·比托]

10　1905年前后，外城西垣广安门迤北城墙外的"塔林"（天宁寺东南宏化寺的塔林）[（法）菲尔曼·拉里贝]

外城南垣

| 9 | 11 |
| 10 | 12 |

11 1900年，外城南垣永定门西侧城墙的临时铁道豁口外侧，八国联军扒开城墙，把铁轨铺进城里，护城河上架起临时铁路桥。此时，一列火车通过豁口开进北京城〔（美）伯顿·霍姆斯〕

12 1900年，外城南垣永定门西侧城墙被八国联军扒开的临时铁道豁口内侧，铁轨铺进城里，在天坛西墙外设"北京站"〔（德）穆默〕

13 1900年,外城南垣永定门迤东城墙的外壁、墩台,城外是护城河。此处城墙即将被扒开豁口,成为铁路进入北京城的永久通道

14 1915年4月30日,外城南垣永定门迤西城墙外壁和墩台。护城河内沿儿只见一棵小树,城根儿下是晾晒的粪干儿 [(美)弗兰克·尼古拉斯·迈耶(Frank Nicholas Meyer)]

15 1920～1921年,右安门外一派田园风光,画面中是护城河分水濠上的石板桥 [(瑞典)奥斯伍尔德·喜仁龙]

16

17

16 1933年，外城南垣永定门外迤东城墙外壁、护城河 [（德）赫达·莫理循]

17 1946年，永定门迤西城墙外壁、墩台、护城河。河沿儿的大树是1915年后这三十多年间长起来的 [（德）赫达·莫理循]

皇城六门

地安门、东安门、西安门

地安门、东安门、西安门小传

北京皇城一般是指明清皇城,它包裹着紫禁城(宫城),位于京城之内。明朝的皇城内是禁地,平民百姓不得进入。明皇城内除紫禁城、西苑(宫城西侧的北海、中海、南海)、太庙、社稷坛、万岁山(景山)、南内(明英宗之前为皇太孙宫)、西内、东苑(宫城东侧,又名"小南城")等皇宫内苑外,尚有大量内廷供奉机构(即服务于内廷的司监厂局等衙署,统称"二十四衙门"),再加上仓库、作坊、花房、牲口房和虎豹象房等设施。天顺年间,明英宗开凿了太液池南海;嘉靖年间,明世宗在皇城内兴建了大高玄殿、大光明殿、玉熙宫等道教建筑。清朝定鼎北京后,裁撤了明朝的二十四衙门,西部除保留西苑、西什库、大光明殿外,其他均改为王府和八旗居所用地;东部区域除保留由南内重华宫改造而成的普度寺以及皇史宬、缎库外,其余地方也划拨给了旗人。这样,清朝皇城内也就有了民居。

皇城占地面积约6.87平方公里,明皇城墙周长在18里左右,清代有所拓展,到清末皇城墙达到了22里。皇城布局并不是四方的,在它的西南角,仅围入西苑的南海即北折,包过南海又西折接皇城西墙南端，明时的小时雍坊隔在了皇城外。这可能是明北京建皇城时，皇城内不能有民居的缘故吧。此段皇城墙并不规则，而是依湖和当时的街道走向而建，原府右街南段（明石厂街）沿皇城墙向北偏东，沿西苑墙走向，然后包过南海再西折接在皇城西墙北上。"文革"后期，中南海西墙取直，府右街也取直了，就成了现在的走向。明皇城在北、东、西垣各辟一门，北门名北安，东门名东安，西门名西安。北安门［清顺治八年（1651）改名为地安门］位于中轴线上，基本上是元大都萧墙厚载红门的位置，明北京城中轴线略有东移，宫城建筑也有相应的位移。东安门对于元大都萧墙东红门有较大的南移，以对新宫城的东华门（紫禁城东华门与西华门东西相对）。西安门就在元大都萧墙西红门的位置，但已经与新宫城西华门的位置相去较远。西华门处于西安门迤东偏南2里的位置，也就是说西安门与东安门并不是在同一纬线上东西相对，而是完全错开，南北差达2里，中间隔了西苑和紫禁城。紫禁城东华门迤东正对着的是东安门，而紫禁城西华门迤西正对着的是西苑门（中南海东门），与西安门相对着的西面是西四牌楼南丁字街（万松老人塔），东面是西苑北海与中海间的金鳌玉蛛桥。皇城六门的其他三门都集中在南垣（皇城外郭千步廊）的京城中轴线附近了。

明宣德七年（1432），将原位于御河以西的皇城东墙迁移至御河以东，东安门也随之被迁到河东，原来的东安门处改为"东安里门"，其间的皇恩桥两栏侧建起障墙，桥面上，两门间形成了一个封闭空间，此区别于其他皇城门。乾隆十九年至二十五年（1754～1760），重修皇城，并在南垣外增筑围墙共三百二十二丈五尺一寸（约1075米），两端各设一座"三座门"，分别称东长安门和西长安门。《大清会典》载：

"皇城之制广袤三千六百五十六丈五尺，高一丈八尺，下广六尺五寸，上广五尺三寸。"如此增建，皇城墙总周长才达到了22里。皇城墙构造为城砖砌筑，上用"冰盘檐"挑出黄琉璃瓦顶，墙身不抹灰，直接刷红色。

地安门、东安门、西安门三门形制相同，为单檐歇山式黄琉璃瓦脊，戗脊走兽为7个，前端设仙人引路。面阔7间，中明间及两次间为通道，为3个朱红王府大门式的方门，中门高于两侧门，各门为两扇对开式门扇，每扇门上有九纵九横81个铜鎏金门钉。中明间宽7米，两次间各宽5.4米；左右各两梢间为值房，每间宽4.8米；总面阔38米，通高11.8米，进深12.5米。

有照片证明地安门在庚子之变中也被毁，即在庚子之变时"前门""后门"均被毁，如何被毁原因不明，相关档案笔者也未找见记载，后续地安门的有关文献也未见提到被毁重建过，暂此存疑吧。

1912年北京兵变时，东安门被焚毁，只保留了"三座门"式的东安里门。1916年拆除东安里门，在原东安门位置修建一拱券式三座门与皇城墙相衔接，是为"新东安门"。1917年5月，张勋复辟，史称"丁巳复辟"，民间称为"闹辫子兵"。段祺瑞组成"讨逆军"，以驱除"辫子兵"，曾在皇城"新东安门"前展开激战，从当时留下的照片上，可见新券洞式三座门的"新东安门"弹痕累累。到1927年，除皇城南墙、南海西侧的一段西墙、北海北侧的一段北墙，以及千步廊东、西墙外，皇城东、西、北墙大部分都被拆完，"新东安门"也没幸免。

1950年，西安门因过往客流增大，小贩沿墙搭起棚户做生意。一夜棚户失火，连累皇城门被烧为灰烬。1954年，为了疏导城市交通，在年底将地安门拆除。当时，因一些社会名流反对拆除地安门，政府许诺将从地安门拆下来的门窗、梁、柱、柁、檩等都编号登记造册，连同砖瓦石和琉璃构件等全部运往天坛，计划移建在天坛北坛门内。不料，日后天坛内发生火灾，堆放在那里的地安门木料全部化为灰烬，又因为没有留下实测图纸，移建之事就此泡汤。

皇城区域内及周边环境风貌改变较大。光绪二十六年（1900），义和团在弘仁寺（旃檀寺）及大光明殿设坛练拳，这两个坛口遂成为义和团火攻西什库教堂的后援据点。八国联军攻入北京后，当即占领了这两处庙宇。为了进行报复，八国联军纵火烧毁了旃檀寺与大光明殿及其附属殿宇。1949年以后，地安门、西安门、中华门、长安左门、长安右门、东西长安门（三座门）、东西长安街牌楼、大高玄殿前形似故宫角楼样式的两座习礼亭、大高玄殿前"品"字形的三个木牌楼、金鳌玉蛛桥牌楼、文津街三座门、满洲堂子等建筑均被拆除。大高玄殿被长期借用，中南海内多处古建筑（如南海云绘楼、清音阁，中海双环亭等）被拆除移建到陶然亭公园和天坛公园，景山寿皇殿改造成了北京市少年宫。

2001年，东城区政府在皇城东墙的原址处修建了皇城根遗址公园，建设中发掘出了明代东安门基础和皇恩桥局部遗址，并对其进行了就地保护及公开展示，还在公园北部的皇城东墙原址上复建了一小段皇城墙，以标示其原来的位置及形制。后又陆续修复了皇史宬和普度寺，修建了菖蒲河公园。

地安门

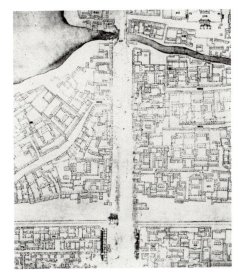

清乾隆十五年《京城全图》上的地安门图

1　1917～1919年，地安门南面（皇城内）[（美）西德尼·甘博]

2　1909年,俯瞰地安门、景山、北海琼华岛(简称琼岛),以及什刹海。由鼓楼上层西端向南拍摄[(美)托马斯·克劳德·张伯林(Thomas Chrowder Chamberlin)]

3 | 4

3　1933年，地安门外大街路西南头，白米斜街东口外，口内有张之洞故居，他1907年奉调回京居此，直到1909年去世 [（德）赫达·莫理循]

4　1946年，地安门外大街（后门桥以南），鼓楼前大街（后门桥以北）。可见景山五亭、北海琼岛白塔和什刹海，以及街上的有轨电车道 [（德）赫达·莫理循]

东安门

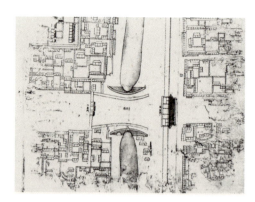

清乾隆十五年《京城全图》上的东安门图

5　1909年，东安里门东面。当时车马是靠左行驶的，中间门柱挂有牌子"往西车马由南边走"。东安里门于1916年被北洋政府拆除，在原东安门位置修建了券洞式的新三座门［（美）托马斯·克劳德·张伯林］

6　1909年，东安门大街（西向，皇城外），远处东安门清晰可见。原注释：北京街头的婚礼队伍［（美）托马斯·克劳德·张伯林］

7　1909年,东安门大街(东安门外)上的婚礼花轿,画面背景是济生堂药铺,路边水桶有"东安门"字样。[(美)托马斯·克劳德·张伯林]

8　1917年5月,新东安门。张勋复辟(丁巳复辟),讨逆军聚集在皇城东安门前

9　1917年5月,新东安门。张勋复辟期间,讨逆军与辫子兵对峙

西安门

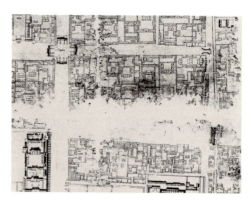

清乾隆十五年《京城全图》上的西安门图

10 1900年，西安门大街东向，可见北海琼岛白塔。选自八国联军相册

11 1940年，西安门西侧，走在西安门大街上的婚礼队列（东向）。选自《北支》摄影杂志

长安左门、长安右门及中华门

皇城长安左门、长安右门及中华门小传

讲长安左门、长安右门及中华门,就得先从千步廊说起。明清北京皇城南墙,在京城中轴线位置向南凸出,左右对称,由皇城墙包围的是一处"丁"字形的广场。这是皇城的外郭,建成于明永乐年间。在皇城外郭东、西墙和北边两段南墙内,连檐通脊,首尾相连,各

清乾隆十五年《京城全图》上的长安左门、长安右门及中华门图(千步廊)

建有144间的两排廊房。东边一排由南向北又折向东，由南到北110间，折向东又34间，西边亦然，与东边对称，总共是288间。既然叫"廊"，这房子朝向广场的自然就是一溜廊子，其实最初这就是给商贾小贩设的摊位房。出了承天门就是开阔的宫城前广场，平时沿广场边缘商贾列肆，一派繁华景象。有重大活动时，则仪仗、侍卫环立，庄严肃穆。承天门是宫城最外的一道门，皇帝颁诏天下，都是在这里公布于众，传遍全国。

这个"丁"字形的宫城前广场——千步廊的左右端和最南端，各有一座单檐歇山式黄琉璃瓦顶红墙三阙三券洞门的皇城城门，规制相同。面向左（东）的称为长安左门，面向右（西）的称为长安右门（长安街因此得名），面南的就是大明门。而承天门（天安门）属于宫城范畴，是紫禁城午门的外门，另有第二重外门——端门。而民俗所言"皇城四"，是把天安门当作了皇城的南门。看名字是"四安"，以为是一式的，其实不然。

千步廊两侧分列着中枢机构，西侧是军事机构"五府"，东侧是行政机构"六部"和宗人府、鸿胪寺、太医院、翰林院等，基本是左文右武的排列。长安左门与长安右门是皇城通往内城东、西部的主要通道，文武百官上朝多是取道长安左、右门，进承天门（天安门），继而端门、午门、奉天门（皇极门、太和门）上殿。至此要文官下轿，武官下马步行。据载："每日百官奏进，俱从二长安门入，守者常数十百人，皆禁军也。"有明代曹萧诗为证：

金刀绣带御林军，门辟长安左右分。
象辇初回迎晓日，旌旗几道见龙文。

大明门是皇城最南面的门，又在京城中轴线上，处于宫城承天门与京城南面正中的正阳门之间。皇上出巡回銮，由南而北回宫，即"入京城（正阳门），过皇城（大明门），进宫城（承天门）"。由紫禁城午门出来，条石铺就的御道一路笔直经大明门直达正阳门外的正阳桥。大明门以里是皇宫禁苑，出了大明门，那就进入了民间世界，大明门就是皇家与市井的分界。明朝永乐年间建成时，因是皇城的正南门，古人又以南方为尊贵，所以享有"国门"的地位，故以国号名之。大明门外就是著名的棋盘街，本是长方形的甬道，围以白石栏，但中间是御道穿过，就像棋盘上的楚河汉界，故此得名。大明门的名称随朝代的更替而变，明朝时称大明门，大学士解缙题门联曰"日月光天德，山河壮帝居"。李自成攻入北京，崇祯帝自缢煤山，明朝亡。李闯已立大顺国号，遂想改大明门为大顺门，但他龙椅尚未坐稳就遭吴三桂引清军进攻，兵败西逃，在北京仅待了四十多天，大顺朝随之夭折，改名就像一场笑话。清朝入主中原，清帝福临于顺治元年（1644）由盛京（沈阳）移驾北京，并定都北京，遂改名为大清门。辛亥革命后，中华民国元年（1912）双十节改名为中华门，中华门之名一直沿用到1959年被拆除时。

宫城前御街设千步廊是由宋代东京汴梁发展起来的。千步廊是御街两侧的廊庑，具有组织空间和衬托高大主体建筑物的作用，营造出相当开阔而又主次分明的效果，招商贾沿廊列肆，彰显天街的繁荣。北宋汴京大内正门宣德楼前御街两侧设有很长的御廊。金元明清各朝，宫城前均有"千步廊"，这应该是从宋朝延续下来的都城布局制度。到明中叶，外城兴建，千步廊由早期的皇城外郭环街列肆，逐渐演变成了纯御用的皇城禁地，商贾也就移出千步廊，到大明门外的棋盘街和正阳门外设铺开市了。而千步廊的廊房就成为五府六部的办公用房。

入清以后,千步廊天街仍因明旧,只是把"大明门"改成了"大清门",承天门改成了天安门。乾隆十九年至二十五年(1754~1760)重修皇城,其间增设了东长安门和西长安门,清乾隆十五年《京城全图》上标注长安左门、长安右门为东、西长安门,似有误。东长安街"三座门"位置大约在南池子南头到北御河桥中间,西长安街"三座门"位置大约在中南海东园墙与皇城南墙相接的地方。原千步廊及周围格局未变动,但千步廊的廊子后来全部砌墙封了起来,八成是五府六部的办公场地不够用,就占用了廊房的空间。

清朝科举考试制度中,全国举子进京赶考的殿试是每三年一次,时间是在春季三月。地方各省的举人,皆可进京应考。但进京应考的举人,必须首先集中在大清门内千步廊东侧廊房,须经礼部会试考中贡士之后,才有资格参加殿试,由皇帝甄选排名。殿试完毕,就是阅卷发榜了。录取分三甲,一甲三名,赐进士及第,第一名状元,二名榜眼,三名探花,合称三鼎甲。二甲赐进士出身,三甲赐同进士出身。三甲进士发榜用黄纸书写,称为甲黄,即民间说的金榜题名。总之,凡是上了金榜的,均视为跳过龙门。金榜题名的进士发榜后,由天安门出宫,左拐过长安左门,离开皇城禁地。所以,民间就把长安左门俗称为"龙门"了。

大清门内千步廊西侧廊房和长安右门的用途与东侧截然不同。朝廷规定每年各省在秋季以前,地方判处死刑的案件,须上报刑部。各省上报的案宗首先要集中于大清门内西侧的千步廊,由刑部会同大理寺等进行审核之后,奏请皇帝裁决。随后皇帝的裁决经天安门送出,右拐出长安右门公布于众，名曰"秋审"。然后钦犯被押出天牢，出长安右门验明正身后被押赴法场。钦犯出长安右门就如同羊入虎口，再难生还。所以，民间就将长安右门冠予"虎门"之称。皇上裁定的事，就这两条出路，一个上天堂，一个下地狱。

历代封建王朝在规划营造宫阙时，都建有宫廷广场，以显示皇权至上的气派。金代以前的宫廷广场呈不封闭、半封闭状态，建在宫城与皇城之间，并极力突出宫门的明显地位，同时也是商旅云集之地。从宋代起，宫廷广场就筑有了千步廊。北京之为帝都，建千步廊的历史约始于金代，且在千步廊北端向东西两翼略有伸展。到了元代，宫廷广场从宫城前移至皇城前，从不封闭、半封闭发展到全封闭。至此，宫廷广场就完全成为皇家禁地。整个宫廷广场处在森严、幽深、神秘的布局之中，成为朝廷礼法所系之地，是封建帝王皇权至尊思想的集中体现。由于南京宫殿和明中都宫殿北面都有镇山，于是用挖筒子河的土，在元故宫延春阁的位置堆筑起了万岁山（就是现在的景山），作为宫城镇山和北京城的中心基点，同时亦作为压制蒙元王气之术法。

入民国以后，先是把西苑南海的宝月楼改造成了大门，将皇城南墙扒开，修成八字墙与宝月楼两端衔接。后来皇城南墙上还开了南长街、南池子和南河沿豁口。中华民国成立后，大清门是不能再继续称呼下去了，于是袁世凯决定在辛亥革命一周年之际，将大清门改名中华门。换匾也很简单，就是将门匾上的字换掉。原来大清门匾是块横式石匾，用青金石镶琢成字，嵌在石板中。大清门石匾被卸下来后，觉得石匾材质尚佳，于是想继续使用，可接下来发现的一幕，让众人都蒙了。原来石匾背后还刻着"大明门"呢，敢情270年前大清改名时用的就是明朝原匾啊！再使用原匾已无可能，就重新制作了一块木匾，也是横式的，像京城老字号门脸上挂的金漆牌匾，由京兆尹王治馨题写"中华门"三字，黑底金字，也算气派。当时改名虽然引起了保皇派的激烈反对，但得到了隆裕太后的认可。

1915～1916年京城中轴线及故宫周边有过较大规模的改造。千步廊东、西廊房全部拆除，只留了皇城红墙，沿墙两内侧植满紫白相间的丁香树。千步廊两掖南墙开豁口，千步廊两侧的公安街（户部街）和西皮市街北端直抵长安街；正阳门拆除瓮城，城楼两侧开辟双券洞，道路南端绕过箭楼会于正阳桥。使进出内外城的行人车辆不用再走中央御道穿过诸道门，就可从长安街直达前门大街。原千步廊宫廷广场也更加开阔，真正成了步行街和国民广场。

故宫前朝和原太庙作为国家博物院的古物陈列所；原社稷坛辟为了中央公园；西苑的北海，以及景山也作为公园对国民开放。1949年以后，千步廊广场的格局没变，但是获得了进一步的扩大。天安门东西两侧长安街上的长安左门、长安右门于1952年拆除（东、西长安街"三座门"先于1951年被拆除），仅留下了"长安"之名。阻碍广场向东、西扩展的千步廊皇城墙拆了，公安街和西皮市街北段消失在了扩大的广场之中。阻碍向南拓展的中华门于1959年被拆除。再后来，1976年拆除了公安街和西皮市街南段，毛主席纪念堂建在了原中华门和棋盘街的遗址上，公安街、西皮市街和棋盘街完全融入了广场。

长安左门、长安右门

1　1917~1919年，近处是天安门前的金水桥，远处可见长安左门的歇山顶 [（美）西德尼·甘博]

2　1917~1919年，长安左门东面 [（美）西德尼·甘博]

3 1918年11月14日，东长安街新券洞三座门——东长安门。画面中为"一战"结束后参加庆典游行的学生队伍，他们举着战胜国旗帜通过东长安门（东三座门）[（美）西德尼·甘博]

4 1919年11月29日，可见长安左门（东向）。北京三十四所学校的学生和市民三万余人在天安门前集会，声讨日本残害福州人民的暴行，抗议日舰侵扰福州[（美）西德尼·甘博]

5 1950年7月,为迎接第一个国庆节,北京建设局和卫生工程局对长安街进行了清理改造。图为工人正在拆除东长安街三座门(东向)[新闻总署新闻摄影局陈之平摄]

6 1951年,长安右门和大理院。国庆节前,正在抢修金水河南面的观礼台和广场设施

中华门（大清门）

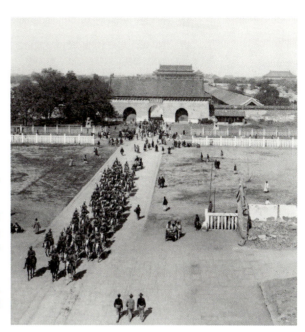

7　19世纪80年代，大清门前甬道、棋盘街。选自《杜德维的相册》

8　1860年，大清门、棋盘街全景。大清门前是商旅云集的棋盘街，门内有与天安门连接在一起的中央御道，周围即千步廊 [（英）费利斯·比托]

9　1901年，大清门。八国联军骑兵出入大清门如入无人之境，门前值房已毁 [（日）小川一夏]

10　1901年，大清门北侧，千步廊两侧廊房还在 [（美）伯顿·霍姆斯]

11　1901年，大清门东侧户部街。庚子之变后，从城楼东城墙上拍到的大清门周边废墟。棋盘街南值房，以及户部街、貂皮巷、巾帽胡同等处的建筑都成了断壁残垣 [（德）穆默]

12 1909～1910年，大清门及东侧的户部街。南北尚未打通，进正阳门后，要拐到这里才能北上。可见东交民巷西口的敷文牌楼，此时路北已建起楼房（法国医院等），以及美军操场

13 1933年，俯瞰中华门，照片是在正阳门城楼上向北拍摄的［（德）赫达·莫理循］

14　1934年前后，北平中华门东侧公安街（原户部街），路上是警察和跑步行进的军校学生

15　1946年，中华门、棋盘街、千步廊雪景。选自美国 LIFE 杂志

16 1958年,航拍北京城北中轴线。可以看到千步廊已拆除,中华门尚在,但转年即被拆除,它曾与人民英雄纪念碑短暂共存

17 2002年，航拍天安门广场。原中华门的位置修建起了毛主席纪念堂。卫星影像截图

皇城墙

皇城墙小传

北京的皇城墙是市级文物保护单位。现在仅剩南垣,位于天安门东西两侧,西至中南海南墙向北拐向府右街的一段西垣,东至北京饭店贵宾楼前,即皇城南垣东端向北拐角处。贵宾楼建于1988年,其建筑横跨在皇城东垣南头的遗址上,皇城东垣原留存的南端墙体自然全部拆除,所幸皇城南垣东端的墙体虽挡在楼前,最终还是原地保护了下来,转角处的角柱石仍在。皇城墙构造为城砖砌筑,上用冰盘檐挑出黄琉璃瓦顶,墙身不抹灰,直接刷红色。现在天安门两侧皇城外墙面为近代修缮时抹灰,内侧仍为原状。

皇城墙建于明永乐十五年(1417),永乐十八年(1420)竣工。按当时营建帝都的规制,宫殿之外,环以紫禁城;紫禁城之外,重以皇城;皇城之外为大城,即京城。根据《钦定大清会典》可知,皇城周长三千六百五十六丈五尺(约9000余米),墙高一丈八尺(约6米),基厚六尺(约2米),顶厚五尺三寸(约1.73米)。皇城南端向南伸出千步廊,是为皇城外郭。民国后,1912年兵变(壬子兵变),东安门被烧毁,皇城墙除南垣及千步廊外,开始陆续被拆除。据说是因为北洋政府没钱给公职人员发饷,所以变卖皇城砖充之。明代皇城北安门以内大街两侧尚有两道"黄瓦墙",各向东西延伸,是当时区隔库署的墙,俗称"内皇城",墙东、西有门,称"黄瓦门",后来讹传为"黄华门""黄化门"。现在沿地安门大街东侧至景山东街的墙仍保存较完整,是明代的原构,现属区级(北京市东城区)文物保护单位。

1912年打通长安街,拆除了长安左门、长安右门两侧围墙。1913年皇城南垣开豁口,拆出"南长街"和"南池子"两个街口,修成拱券随墙牌楼样式。以后又拆出南河沿街口,没修过梁,只是在豁口墙端各修了一个墙垛子。至1927年,皇城除南墙、西苑墙与皇城墙重叠部分,以及千步廊东、西、南墙外,其他几乎全部拆完。1950年西安门被焚毁,1952年长安左门、长安右门被拆除,1955年地安门被拆除,1959年中华门及千步廊东、西、南皇城墙被拆除。

2001年修建皇城根遗址公园,发掘出明代东安门和门内皇恩桥部分基址,对其进行了保护,并公开展示,又在皇城东垣北部原址上复建了一小段皇城墙,以标示其原来的位置和形制。

1 1860年,天安门西侧的社稷坛南垣,也属于皇城墙的一部分。第二次鸦片战争英法联军打入北京时拍摄 [(英)费利斯·比托]

2 1901年,皇城南垣西段内的南海宝月楼,新华门的前身 [(日)小川一真]

3　1917～1919年，西皇城根的官茅房（公厕）[（美）西德尼·甘博]

4　1917～1919年，新华门外侧。民国初年改造中南海宝月楼，辟为总统府大门，命名新华门，两侧以八字墙与皇城墙衔接[（美）西德尼·甘博]

5　　1922年，由南海瀛台迎熏亭中向南拍摄，远景为新华门、影壁和中南海南墙（皇城南垣）[（瑞典）奥斯伍尔德·喜仁龙]

6　　1925年，可见天安门西侧的一段皇城南垣。画面为在中央公园南门外参加孙中山葬礼的人群[（美）西德尼·甘博]

7　1925年，孙中山葬礼，运送孙中山遗像的马车驶出中央公园南门。可见中央公园南门西侧的皇城墙 [（美）西德尼·甘博]

8　1925年，孙中山葬礼，灵车驶出中央公园南门，孙中山灵柩将暂厝碧云寺。图中可见中央公园南门西侧的一段皇城墙 [（美）西德尼·甘博]

9 1933年,天安门外金水桥,可见千步廊皇城墙、中华门、正阳门,千步廊范围内林木茂盛[(德)赫达·莫理循]

10 1946年，东长安街上有驴车驶过，画面背景是皇城南垣 [（德）赫达·莫理循]

11 1949年2月，东长安街南河沿路口。北平和平解放，此时入城部队宣传车经过东长安街，背景隐约可见皇城南垣 [高帆摄]

12 1949年10月1日，天安门前，开国大典。画面下方的琉璃脊瓦是长安左门南侧的一段皇城墙，属于千步廊北部东墙的一段

13 1956年2月15日，东长安街南河沿路口东，可见皇城南垣东端。正在举行北京、天津、唐山、保定、石家庄、张家口六城市青年自行车赛

附录　1900年后北京城门城垣的状况与拆除始末

北京城规模宏大，历史悠久，是世界著名的文化古都，在世界城市史上是无与伦比的。尤以它的城门、城垣的恢宏气势著称于世，但是在几十年间却化为了乌有，这又是一个怎样的过程呢？

城池最早就是一个城墙围起的堡垒，大城就是大堡垒，主要功能是军事防御，所谓"城以卫君，郭以卫民"，固又称城郭。明清时期的北京城防体系由城墙（包括城楼、瓮城、箭楼、闸楼、角箭楼、墩台、铺舍房、登城马道等附属建筑）、护城河和驻守军队组成。在明清时期，非常重视对北京城墙的保护和修葺，城墙上不得增开豁口，城楼、箭楼、雉堞、墙面砖体如有发生破损、塌陷等，都要及时进行修补。直至1900年，北京城池仍保持完整。

1900年庚子之变，八国联军进攻北京。英国军队首先攻克外城，扒开永定门西侧的外城城墙，在天坛内设立了英军和美军司令部，将京奉铁路的终点由城外马家堡延伸至天坛西门外。这是北京城墙第一次被扒开豁口，随后他们在天坛内架大炮轰击崇文门。北京城从此就进入了走向消亡的厄运期。

关于北京城门城墙消亡的过程、被拆除始末，通过下面的年表可

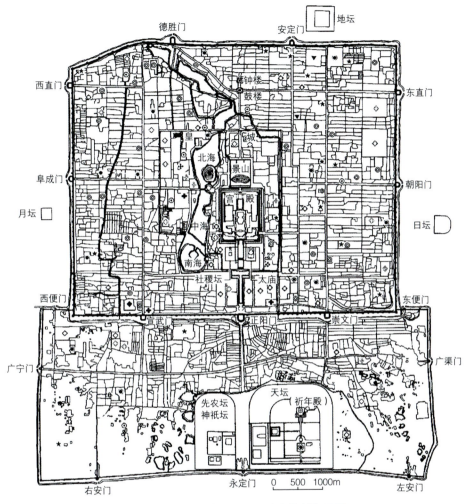

清乾隆时期（1736～1795年）北京城平面图

了解其梗概：

1900年，除正阳门箭楼是义和团纵火引燃至烧毁，正阳门城楼（英军）、崇文门箭楼（英军）、朝阳门箭楼（日军）、内城西北角楼（俄军）和外城东北角楼（美军），都是在八国联军的进攻和占领下倾毁。内城东北角楼被轰炸正脊折断，东南角楼十字脊塌毁，外立面满目疮痍。

1901年，八国联军占领内城、完全控制京城后，为便于使馆人员在战乱时乘车撤至天津，废弃了已修建在天坛西坛墙外的"北京站"，将城外京奉铁路向东延伸，过永定门在天坛东再扒豁口进入外城，斜穿外城东开阔地到外城东北角折向西，然后在内城南垣外沿护城河内沿，把铁轨铺设到正阳门东闸楼门洞外，建北京正阳门东车站，后来作为北京站一直沿用到1959年。英军还将东便门南的外城东垣扒开豁口，修建了东便门至通州的铁路支线；法军在西便门南外城西垣开辟铁路通道，修建了方形铁路门洞，引卢汉铁路延至正阳门西（正阳门西车站）。

1902年，在英军主持下打通崇文门瓮城，闸楼被拆除，闸楼门洞被改造为双向铁道券洞，东月墙另辟双向铁道券洞，铁路穿瓮城而过。行人、车马进出内城则改走箭楼城台下开辟的门洞，崇文门内外道路则是穿过城门洞、箭楼城台门洞，取直线通过。西太后和光绪皇帝两宫回銮后，下令修复了正阳门和朝阳门，但崇文门箭楼和西北角楼到清朝灭亡，再到后来民国和新中国成立后一直未能恢复。

1903年，重建正阳门城楼、箭楼，以及被日军轰毁的朝阳门箭楼。

1905年，外国人为使馆区出入车站方便，东交民巷使馆区工部局在正阳门东水关御河上加盖水泥板，并在城墙上原水关位置开辟券洞，门洞内安置铁门两扇，两侧挖有耳室，即水关门。

1907年，重建正阳门城楼、箭楼，同年朝阳门箭楼落成，朝阳门城楼修葺一新。

1912年，东安门在曹锟兵变时被焚毁，皇城墙除南面和西南面保留一段外，大部分被拆除。

1915年，拆除了正阳门瓮城，改造箭楼。同年修建环城铁路，拆除了朝阳门、东直门、安定门、德胜门四个城门的瓮城。

1918年，宣武门箭楼和闸楼因颓圮而无力修复，旋即被拆除了事。

1919年，崇文门城楼修饰一新。

1920年，内城东北角楼拆除。

1921年，德胜门城楼因年久失修，糟朽严重，被拆除。

1926年，在内城南垣西段正阳门与宣武门间新辟和平门（双券洞）。

1930年，东直门箭楼、内城西南角楼因无力维修而被拆除；宣武门瓮城和箭楼城台被拆除；20世纪30年代，广渠门箭楼因失修被拆除。

1935年，阜成门箭楼与闸楼被拆除。内城东南角楼修复完毕。

1939年，日军占领时期，在内城东、西城墙上分别开了启明门（光复后改名建国门）和长安门（光复后改名复兴门），这两个城门当时其实就是豁口，复兴门后来修了券洞，安装了铁门。

虽说是战乱年代，自民国以后在北洋政府时期、北平时期，甚至日本占领时的伪"华北维新政府"时期，对北京城门城垣都还是有过不同程度的修缮。

1948年，解放军包围北平，国民政府守军为防御解放军的攻击，在城墙上打城防洞、挖战壕、筑碉堡，修筑了许多城防工事。解放军准备攻城时还要考虑对北京的城门城墙、文物古迹加以保护，不许轰击文物建筑，并以争取和平解放为目标。

1949年3月，北平和平解放后，北平市建设局对内外城的城墙进行了勘查，并为城墙的破坏、损毁情况写了专题报告，市建设局针对城墙损毁情况拟定了修复城墙的办法，并向市人民政府做了报告，经市长叶剑英、副市长徐冰批准，市建设局于4月26日令工程总队予以修复。当时内城的9门中尚存城楼8座，箭楼5座；外城7门中尚存城楼7座，箭楼6座。可是随后市政府认为北京城门城墙妨碍交通、不利于城市规划，因此决定将其彻底拆除。北京城门城垣的拆除经历了一个较长的过程。

1950年，崇文门、永定门瓮城被拆除。崇文门瓮城于20世纪初改造后，瓮城东、西月墙各辟双向铁路券洞，铁路穿瓮城而过，箭楼城台辟门洞，此次一并拆除，另在城楼西侧城墙上开辟一个门洞。皇城西安门因过往客流增大，小贩沿墙搭起棚户做生意。一夜棚户失火，连累城门被烧为灰烬。

1951年2月，市政府根据公安局《关于城区交通状况及建议增开城墙豁口的报告》，批准逐步试辟城门旁城墙豁口，以改善城门交通状况。1951年冬季拆除永定门瓮城，同时在城门东侧开一豁口。12月，铁路部门要修铁道，要求拆除东便门瓮城和箭楼。因东便门刚刚修复竣工，经建设部门与其交涉后，保住了箭楼，瓮城被拆除。

1950年抗美援朝战争爆发，为便于战时疏散民众，在内城城墙上增开了大雅宝胡同豁口、北门仓豁口（东四十条）、旧鼓楼大街豁口、新街口豁口、井儿胡同豁口（官园）、松鹤庵胡同豁口（广宁伯街）等6处豁口（民国时原已开武定侯胡同豁口1处）。至此，北京内城较1900年之前，已扒豁口18处（含增开城门4个，即水关门、和平门、复兴门、建国门），其中内外城墙上的铁道豁口（门洞）7处（3处进京铁道豁口，外城东城墙、西城墙、南城墙各1处；4处环城铁道券洞口，分别在内城东北角楼和东南角楼两侧）。

1951年4月，打通内城东直门北小街豁口和外城陶然亭豁口。11

月，打通外城架松豁口（光明楼）。

1952年开辟了宣武门东侧和崇文门西侧的城墙豁口。之后内城较次要的西便门城楼、箭楼和瓮城被全部拆除。随后为修铁路东便门箭楼也被拆除。至此，北京就进入了有组织拆除城门城墙的历程。

长安左门、长安右门位于天安门前的东西两侧，长安街也因门而得名，取长治久安之意。门三阙，券洞式，汉白玉石门槛，单层歇山黄琉璃瓦顶，红墙，基础为汉白玉须弥座。两门东西相对，为皇城通往内城东西两侧的孔道。1952年8月，北京市各界人民代表会议召开，有提案拆除长安左门与长安右门，梁思成与众多委员进行激烈争论，但没能说服多数委员，最终根据大会程序，委员集体表决通过了拆除提案，该两门即被拆除。

1953年4月，开辟外城永定门西侧豁口。至此，永定门城楼像箭楼一样，也变成了一座单体建筑；内城北垣雍和宫辟豁口；内城南垣闹市口南象来街辟豁口。5月，为改善交通，北京市政府向中央写报告，要求将朝阳门、阜成门，以及东四牌楼、西四牌楼和帝王庙前的牌楼拆除。5月9日，中央批复同意把朝阳门和阜成门的城楼及瓮城拆掉，交通取直线通过，并指出"进行此项改善工程时，必须进行一些必要的解释，以取得人民的拥护"。6月，内城南垣天坛东路辟豁口完成；内城东垣东总布胡同辟豁口、东直门北侧辟豁口完成；外城西垣广安门南侧辟豁口完成。这一年还完成了拆除阜成门瓮城及箭楼城台、内城东北角楼城台、广渠门箭楼城台和瓮城、左安门城楼、左安门箭楼和瓮城的工程。

1954年1月，右安门城楼、箭楼和瓮城，以及外城西南角楼拆除完成。年初，市政府批准拆除东直门箭楼城台和德胜门城楼城台。3

月，东直门箭楼城台拆除完成。6月，德胜门城楼城台拆除完成，外城西垣白纸坊辟豁口完成。8月，阜成门城楼南北两侧辟豁口完成。为了疏导城市交通，年底将地安门拆除。当时，因一些社会名流反对拆除地安门，政府许诺将从地安门拆下来的门窗、梁、柱、柁、檩等都编号登记造册，连同砖石琉璃瓦等全部运往天坛，计划移建在天坛北坛门内。不料，后来天坛内发生火灾，堆放在那里的地安门木料全部化为灰烬，移建之议就此泡汤。

1955年，市政府批准拆除广安门瓮城、箭楼。3月，广安门瓮城、箭楼拆除完成。外城东南角楼被拆除。

1956年，随着城市建设的展开，一些建设单位开始在外城施工现场附近就地取材，从城墙上拆取城砖和土方。4月，广渠门城楼城台、广安门城楼和残存瓮城拆除完成。9月，拆除左安门城楼和城台。

1957年1月，安定门箭楼和城台拆除完成，拆除时箭楼完好如新，因为1951年才做的彻底修缮，参与者无不伤心落泪。4月，外城西北角楼拆除完成。6月，朝阳门城楼和城台拆除完成。此时国务院转发文化部的报告称："北京是驰名世界的古城，其城墙已有几百年的历史，对于它的存废问题，必须慎重考虑。最近获悉，你市决定将北京城墙陆续拆除（外城城墙现已基本拆毁）。针对此举，在文化部召开的整风座谈会上，很多文物专家对此都提出意见。国务院同意文化部的意见，希你市对北京城墙暂缓拆除，在广泛征求各方面意见，并加以综合研究后，再作处理。"北京市接通知后，暂停了拆城墙之举。即便如此，11月还是拆除了朝阳门箭楼。

1958年9月，在反"保守"的"大跃进"浪潮中，北京市人民委员会又做出拆除城墙的决定，使零星的拆毁活动变成了大规模的拆除行动。这一年，东便门城楼、右安门城楼、永定门城楼和箭楼，连同城台一并被拆除。

1959年3月，北京市委决定："外城和内城的城墙全部拆除，需争取在两三年内拆完。"随后就有组织有计划地拆除了外城城墙和内城的部分城墙。到该年底，外城城墙基本被彻底拆除。此间梁思成等建筑、文物界人士的多年呐喊完全淹没在了反右、"大跃进"、"超英赶美"搞建设的洪流之中。这一年为扩建天安门广场，在苏联专家的建议下中华门被拆除，有着"中华国门"之称的中华门没了。1976年毛主席逝世后，在中华门原址上修建了毛主席纪念堂。

其实外城当时还留有一隅，即外城西南角楼城台，以及连接城台迤北、迤东的两小段外城垣。因为角楼城台和这两小段城墙围起的区域在当时用作了原宣武区体育运动委员会的射击训练靶场，1975年取消射击运动，这里改为军体项目摩托车训练场。这一小段外城垣拐弯处（西南角），本可以像内城东南角楼附近的城墙残垣一样保留下来，可是迟至1990年前后（20世纪80年代从那里经过还能看到残垣，但是也就剩面南的一小截了），还是禁不住房地产开发的诱惑，这段残存的外城断垣最终被全部拆除。可以说，北京外城的城垣、城门、角楼等所有建筑物，到这时算是彻底消失了。

1965年1月，北京军区因备战需要，向中央写报告修建北京地下铁道。由于现有城墙大部分已经拆除或塌毁，地下铁道准备选择合适的城墙位置修建，这样可方便施工，降低造价。报告得到中央批准。7月1日，北京地下铁道工程开工。地铁工程局和铁道兵负责施工，北京市负责拆迁。由于工期紧，拆除城墙、城楼的主要任务就由铁道兵承担。1号线一期工程拆了内城南墙、宣武门城楼、崇文门城楼（1966

年）；1号线二期工程并入2号线工程，由北京站经建国门、朝阳门、东直门、安定门、德胜门、西直门、阜成门、复兴门沿环线拆除城墙、城门及房屋，全长约16公里。这一年，东直门和阜成门城楼拆除完毕。

1966年，"文革"爆发，这对文物保护又是雪上加霜。在地铁线上原为元代司天台遗址的古观象台也在拆除之列，后在周总理的干预下幸免于难。这一年崇文门城楼迎来了它的末日。

1969年，西直门、安定门城楼和箭楼被拆除。西直门是北京最后一座保存完整的城门，但在修建地铁时还是将瓮城、闸楼、箭楼、城楼全部拆除了。其间曾在箭楼城台中发现包砌在箭楼中、元代修建的和义门瓮城门，但当时并没有珍惜如此珍贵的遗迹，而是一并拆除。

德胜门箭楼因位置离城墙较远，暂不影响地铁施工，没来得及拆，所以幸免于难。内城东南角楼没拆，是怕拆除时影响北京站进出列车，所以没敢动。正阳门在1965年修地铁的报告中也是计划一并拆除的，但是中央决策留了下来。

内城城墙从1953年开始陆续被拆除，至"文革"期间修建地铁，被基本彻底拆完。崇文门至东南角楼及东南角楼迤北一段城墙，因1958年修北京站时，工棚倚城墙而搭，北京站竣工后，临时工棚成了一些单位的仓库和住房，城墙内外逐年增建了大小不同的房舍（临建），整个把城墙包裹其中，才在无暇顾及的情况下，或者说在无意间保留下了这段北京城残垣。

至于西便门东，内城西垣南端与外城西段北垣接合部的这一小段长约100米的内城墙，因为被地铁施工单位用作堆料的货场围墙而未被全部拆除，由于没有影响修地铁和地面道路，后来也没来得及拆。不过再后来修缮时，新恢复的内外城接合部的碉楼与原规制、外观等均不符，显得有点不伦不类。若为了遗址纪念，让今人见物思古，还是照原样重建的好。

到1979年下令停止拆除残余城墙，并保护遗留城门时，北京城池遗存只有内城东南角楼迤西、迤北和复兴门南三处内城残垣了。如前述，当时还留有外城西南角的一小段残垣，不知为何没纳入保护？此外还有一对半城门和一个内城角楼，即正阳门城楼、箭楼，德胜门箭楼和内城东南角楼。时至今日，城墙虽早已拆除，但在北京城门城墙存废问题的认知上仍然存在着分歧。对于一部分没有领略过老北京城丰采，不熟稔北京历史、传统的外来人口和年轻人，对老北京城，尤其是经历过战乱的、亟待恢复的旧京城确是容易不以为意、不屑一顾，甚至弃若敝屣。这里不过是个容器，全拆了推倒重来才好。当时一些人甚至认为老北京从人文到外观都是腐朽的、颓废的，甚至是不堪"教化"的，应该进行彻底改造。所以，文弱书生、遗老遗少、有识之士的呼号，全部湮没在了"鼓足干劲、力争上游、多快好省"里面，而老北京城毫无悬念地被彻底改造了。

在20世纪70年代中期，留到最后的德胜门箭楼曾面对是留还是拆的生死抉择。由于地铁施工单位向市政工程设计院要德胜门立交桥的基础工程设计，这又涉及德胜门箭楼是否要拆的问题，经报中央"文革"小组，他们得悉还有一个漏网之鱼的"四旧"，答复就是一个字"拆"。时任国务院副总理、国家计委主任的余秋里得知后，找中央"文革"小组商量，说明德胜门箭楼不影响地铁施工，最好能够保留。总算说服了他们，同意了不拆箭楼，但要拆除箭楼两侧残存瓮城断墙的"耳朵"。1979年2月，在立交桥施工中，城市规划专家郑孝燮在得知德胜门箭楼的"耳朵"在拆改，以为要拆除德胜门箭楼，于是给时任中共中央副主席、国务院副总理的陈云上书，陈情不要拆除德胜门箭楼，德胜门箭楼最终逃过了劫难。我们今天能看到它巍峨的身影，余老将军和郑老都是居功至伟的。

以上罗列，只是尽可能客观说明北京城门城墙被拆除的一个基本过程。这已经是一个无可改变的事实，是对是错，也一直是见仁见智。但是无可否认，不管决策是如何出来的，北京的城门城墙是在那一时代的北京人，或者说是在中国人自己的手里被拆毁了。时过半个多世纪，北京人提起拆城旧事，是扼腕者多，赞许者少。现在反思，除去战乱兵燹，在我们自己获得和平发展、休养生息的时期，在搞建设的时候，为什么不能珍惜历史遗存？为什么不能尊重、敬畏发展了几千年的传统文化？

就北京城而言，前三门的铁道是外国人强行修进来的，而我们自己主持建的环城铁道为什么非要穿过瓮城，导致瓮城的拆毁。护城河外有大片的荒郊野地，若将环城铁道修在护城河外，瓮城即可保住（像内城西垣外的铁道），也不必在角楼旁扒豁子了。只是当时或图方便，或资金紧缺，才如此。宁可毁了存在了几百年的古物，也在所不惜。这只能说明在当时的决策者中，多数人对古物遗存没有珍惜的意识，认为拆就拆了，没什么了不起，先顾眼前吧。

时至新中国成立，北京城的城门楼虽已拆掉了近三分之一，但城墙基本保存完整。虽因战乱和时局动荡，大多已年久失修，亟待大规模修缮，但城池的传统格局还是保持没变。新中国成立之初对北京城还是做了基本的维修，但随后就逐步开始了大规模的拆除。逝者已逝，今人还是要面对现实，展望未来。

统计或有疏漏和错讹，还请专家指正。

参考资料

文字资料

古籍

《明世宗实录》

《明英宗实录》

《京城全图》

《大清会典》

初纂于康熙二十九年（1690）。是清朝官修的一部典章制度史，后来又经雍正、乾隆、嘉庆、光绪四朝重修，于光绪二十五年（1899）最后完成。又名《钦定大清会典》《清会典》。

［宋］李诫《营造法式》（影印版），中国书店，2006年。

［明］孙承泽《春明梦余录》，北京古籍出版社，1992年。

［明］刘侗、于奕正《帝京景物略》，北京出版社，1963年。

［清］吴长元《宸垣识略》，北京古籍出版社，1983年。

［清］张廷玉等《明史》，中华书局，1974年。

［清］窦光鼐、朱筠等《日下旧闻考》（点校重排本），北京古籍出版社，1988年。

乾隆三十九年（1774），根据朱彝尊《日下旧闻》加以增补、考证，乾隆五十年刻版出书，是清代最大最完整的关于北京历史、地理、城防、宫殿、名胜等的资料选辑。

［清］周家楣、缪荃孙《光绪顺天府志》（校排版），北京古籍出版社，1987年。

专著和论文

［美］威廉·埃德加·盖洛（William Edgar Geil）《中国十八省府》（*Eighteen Capitals of China*），J. B. Lippincott Company，1911年。

［瑞典］奥斯伍尔德·喜仁龙《北京的城墙和城门》（*The Walls and Gates of Peking*），许永全译，燕山出版社，1985年。

孔庆普《北京明清城墙、城楼修缮与拆除纪实》，载《北京文博》2002年第3期。

袁学军《正阳门的五次火毁与重建》，载《北京档案》，2006年12月。

袁学军《正阳门建筑特色及其功能的演变》，载《北京文博》，2010年4月。

华南圭《北平之水道》，载《中华工程师学会会报》，1928年第7期、第8期。

申予荣、王勇《北京城垣的保护与拆除》，载《北京规划建设》，1999年。

李晴《正阳门更名时间探考》，载《北京文博》，2012年。

图片资料

书籍

汤用彬、彭一卣、陈声聪《旧都文物略》，北京古籍出版社，2000年。

全书十二篇，是民国北平市政府秘书处于1935年12月出版的一部大型的以实地摄影图片为主、图文并茂，全面介绍旧京名胜古迹、历史文化、艺术风俗的导游图籍。

摄影集

谭锦堂《京张路工摄影》，天津古籍出版社，1909年。

普雷森特（Plaisant）、卡梅尔（Calmel）和迪舍尔（Tissier）《气球下的中国》（*La Chine à terre et enballon*），Officiers du Génie du Corps expéditionnaire，1902年。

该摄影集共收录了1900年三名法国远征军上校拍摄的北京、天津地区照片272张。其中航拍照片是中国最早的热气球航拍图。

《亚细亚大观》，亚细亚写真大观社（大连），1924~1940年。

由亚细亚写真大观社（大连）编辑的一部记录亚洲（主要为中国）文化的照片集，涵盖风景、宗教、民俗、人物等多方面。出版年代为1924~1940年。"九一八"前后，日本为大量获取中国情报，在我国成立了不少"写真社"这样的情报机构，派出大量情报人员以摄影的方式对中国全境进行全方位的扫描：城镇、乡村、车站、码头、名胜古迹、商业街、重要厂矿等，其拍摄范围之广、内容之丰富，前所未闻。这些情报机构的总部通常设在"伪满"，同时在内地其他重要城市设有分部。

雷尼诺恩（C. E. Le munyon）《雷尼诺恩北京影像集》。

雷尼诺恩生卒年月不详，大约1850年出生于美国华盛顿的斯波坎（Spokane）。据香港报纸记载，1902年他在香港开设照相馆，经营从纽约进口的照相器材，后来去了北京经营照相馆，20世纪前20年他大概都在北京从事摄影工作。他的摄影作品风格复古，并擅长对照片进行手工上色，许多都是经典之作。

小川一真《清国北京皇城写真帖》，伊东忠太注释，东京国立博物馆，1906年。

主要为庚子之变后的北京摄影资料。八国联军进占北京后，一些外国摄影师随即前往中国进行拍摄活动，日本摄影师小川一真便是其中一员。1901年，因在日本摄影界业绩斐然而闻名的小川一真随同建筑工程师伊东忠太、助手土屋纯一、奥山恒五郎到北京考察，拍摄了北京市貌、紫禁城及其他一些宫殿楼阁的建筑照片。

［德］阿方斯·穆默·冯·施瓦茨恩斯坦茵（Alfons Mumm von Schwarzenstein）《摄影日记》（*Ein Tagebuch in Bildern*），1902年。（文中简称"穆默"，该相册未公开发行）

［美］伯顿·霍姆斯（Burton Holmes）《从阿穆尔到北京到紫禁城》（*Down the Amur. Peking. The Forbidden City*），1917年。

［德］恩斯特·柏石曼（Ernst Boerschmann）《中国建筑和景观》（*Baukunst und Landschaft in China*），Wasmuth，1923年。

［英］伊莎贝拉·伯德（Isabella Bird）《中国图像记》（*Chinese pictures: notes on photographs made in China*），Cassell and Company，1900年。

［法］樊国梁（Alphonse Favier）《北京：历史和记述》（*Peking.

histoire et description），Imprimerie des lazaristes au Pé-T'ang，1897年。

樊国梁，法国人，天主教传教士，庚子之变期间任天主教北京教区主教（直隶北境代牧区宗座代牧）。他通过自己的视角对中国尤其是北京进行了百科书式的介绍，书中附多幅反映北京城门背景的照片插图。

［日］山本诚阳《北清事变写真帖》（*Views of the North China Affair*），1901年。

杂志

《亚东印画辑》

由（日本）"满蒙印画协会"于1924年9月开始在大连出版发行。每月围绕特定主题发行照片十张，涉及中国的风俗民情、自然风光、人文历史、艺术文化等内容。照片的旁边贴有说明文字，大致拍摄于1924~1944年，累计2000多幅。20世纪初，日本为达到对中国实行殖民统治的野心，向中国派出了很多探险家和学者，在中国各地收集天文、地理、历史变迁等方面的数据，对中国的各个方面进行了严密调查，同时通过媒体向本国民众介绍中国的情况，以唤起对中国的关心，为进一步侵略中国创造条件。《亚东印画辑》就是日本探险家和学者在中国探险取得的"成果"之一。

《北支》摄影杂志

一个记录1939年到1943年日本入侵中国后考察和介绍当时中国的摄影杂志。为日本"华北交通株式会社"主办。

LIFE（《生活周刊》）20世纪40年代后期影像数据。

摄影师作品数字化

奥斯伍尔德·喜仁龙

奥斯伍尔德·喜仁龙（Osvald Sirén，1879～1966年），瑞典美术史家、哲学博士。1879年生于芬兰。毕业于赫尔辛基大学。1901～1903年，任瑞典斯德哥尔摩国家博物馆助理。1908～1925年，任斯德哥尔摩大学美术史教授，从事西洋近代美术史研究。1928～1945年，在斯德哥尔摩国家博物馆负责管理绘画和雕刻。1916年、1917年和1918年分别在美国耶鲁大学、哈佛大学和日本讲学。曾于1920～1921年、1930年、1934年、1935年、1954年、1956年先后访问中国。1930年成为芬兰科学院院士。1956年首次获得查尔斯·兰·弗利尔奖章。1918年在日本讲学和1920年旅居中国时，开始密切关注东方美术。1924～1925年，在巴黎展出个人收藏的东方艺术品。他钟情于中国古代建筑和艺术，并进行了深入研究。这方面主要著作有：《北京的城墙和城门》（1924年），书中汇集了109张北京城门照片和50幅由中国艺术家绘制的北京城门建筑图纸，另有其他同时期北京城墙、城门影像数据；《中国雕刻》（*Chinese Sculpture*，1925年）；《北京故宫》（*The Imperial Palace of Peking*，1926年）；《中国绘画史》（*Histoire de art anciens*，1929～1930年）；《中国花园》（*Gardens of China*，1949年）等。这些著作在向世界介绍中国灿烂的古代文化方面起了很大作用。1966年6月26日逝世，享年87岁。

西德尼·戴维·甘博

西德尼·戴维·甘博（Sidney David Gamble，1890～1968年）是美国社会经济学家和摄影师。他年轻时参加基督教青年会（YMCA），在1908～1932年间五次往返中美之间，三次旅居中国（1917～1919年，1924～1927年，1931～1932年）。他是燕京大学社会学系的创建者之一，还参与了"平教会"在定县的教育实验，其间他一共完成了五部社会调查作品，他在中国的首部社会调查作品即《北京的社会调查》（1921年）。他还在中国西部地区游历，拍下了大量的珍贵照片。在返回美国之后，他继续在基督教青年会服务，直至去世。1984年他的女儿凯瑟琳在一个鞋盒内发现了这些照片，总数多达5000幅，涉及北京的照片达1600多幅，后被交给杜克大学图书馆完成数字化处理并公开展示。

本书引用了31幅甘博先生的照片，承蒙杜克大学图书馆授权作者引用，在此深表感谢！

乔治·欧内斯特·莫理循

乔治·欧内斯特·莫理循（George Ernest Morrison，1862～1920年），出生于澳大利亚，毕业于英国爱丁堡大学，曾任《泰晤士报》驻华首席记者（1897～1912年），中华民国总统政治顾问（1912～1920年），居住北京达20余年（1897～1920年）出版有照片集《中国景观》。其对当时的中国政治和经济有着重要影响，北京著名的王府井大街就曾叫莫理循大街。作为记者和摄影家，他亲历了从戊戌变法、庚子之变，直至辛亥革命的全部历史变迁。作为民国政府政治顾问，他参与了巩固袁世凯统治的进程，帮助中国政府对抗日本"二十一条"政治讹诈，推动中国参加欧战，反对袁世凯称帝。在他病重之际，还为巴黎和会的中国代表团修改文件。1920年5月底，病逝于伦敦。莫理循在中国生活了20余年，是中国近代史上许多重大事件的见证者和参与者。1917年，莫理循在华收藏的大量东方学文献被日本收购，成就了今天日本的东洋文库。从此，中国人只能东渡日本才能利用莫理循文库，实乃国人之遗憾。

赫达·莫理循

赫达·莫理循（Hedda Morrison，1908～1991年），德国女性摄影家。她1933年受聘北京哈同照相馆，一直到1946年主要生活在北京，从事摄影。靠一架相机，骑着一辆自行车跑遍北京的大街小巷、名胜古迹，拍摄下如今大多已经荡然无存的旧日景物，留给了后人嗟叹其珍贵无比的照片。她嫁给了著名记者乔治·欧内斯特·莫理循的儿子阿拉斯泰·莫理循，所以改姓莫理循。1947年后举家迁往马来西亚，1967年移居澳大利亚。她去世后，其夫根据她的遗嘱，把她在中国所摄的一万多张底片、六千多幅照片，以及二十九本影集全部赠予美国哈佛大学的哈佛——燕京图书馆，经数字化处理后，大多公开展示于互联网。

托马斯·查尔德

托马斯·查尔德（Thomas Child，1841～1898年），英国摄影师。他出身于建筑世家，1870年来华，受雇于英国海关在北京的机构，成为一名煤气工程师。1870～1889年在北京期间，因其爱好摄影，拍摄了大量的北京风光人文照片，其中许多北京城门城墙的照片非常经典。

汉茨·冯·佩克哈默

国内通常认为佩克哈默（Heinz von Perckhammer，1895～1965年）是德国人，事实上这种说法并不确切。他出生在南提洛尔（Südtirol）的梅兰（Meran），此地原属奥匈帝国，现属意大利，在北京拍摄时间为 1915～1927 年，这些照片通过建筑、人物、情景的再现，勾勒出帝都北京百年前的自然风光、人文景致、百态众生和社会风俗。佩克哈默 1913 年在奥地利海军"伊丽莎白皇后"号巡洋舰服役。"一战"爆发后，该舰 1914 年 11 月在青岛日德开战期间自沉于胶州湾水域。佩克哈默和战友被投入中国监狱，关押在北京万寿寺。此后一直在中国从事摄影，1927 年返回欧洲，先后出版了《百美影/中国人体写真》（*The culture of the nude in China/Edle Nacktheit in China*）、《北京美观》（*Peking: das Gesichteiner Stadt*）和《中国与中国人》（*China and the Chinese*）三本影集。

费利斯·比托

费利斯·比托（Felice Beato，1832～1909 年），战地摄影师。出生于意大利，后加入英国籍。曾被誉为"军事报道摄影的先驱者"之一。1860 年第二次鸦片战争，英法联军进攻天津，占领北京。作为随军记者的比托拍摄了大量的战地照片。他的北京城池风光照片是北京有史以来首次被拍摄，是北京最早的珍贵影像数据。他还有幸拍摄了恭亲王奕䜣，成为第一位拍摄中国皇室成员的外国摄影师。

伊莎贝拉·露西·伯德

伊莎贝拉·露西·伯德（Isabella Lucy Bird，1831～1904 年），生于英国约克郡（Yorkshire）。全名伊莎贝拉·露西·伯德·毕晓普（Isabella Lucy Bird Bishop），毕晓普（Bishop）是她 50 岁结婚后的夫姓，所以她也被人称为毕晓普夫人（Mrs. John F. Bishop），多被简称为伊莎贝拉·伯德（Isabella Bird），被誉为英国女先驱旅行家。

约翰·汤姆森

约翰·汤姆森（John Thomson，1837~1921年），这位来自苏格兰的英国探险家和摄影家来到中国，进行了长达4年的采访摄影。他足迹从香港、广东到北京和上海，以及北方的长城和华中的中原地区。从1870年至1871年，他访问了福州、厦门和汕头。1871年，他还考察了台湾岛。离开台湾后，汤姆森又返回大陆，顺长江溯流而上，到过湖北和四川，直到1872年返回英国。1874年出版《中国和中国人影像》(*Illustrations of China and its People*)，全书4册。

托马斯·克劳德·张伯林

托马斯·克劳德·张伯林（Thomas Chrowder Chamberlin，1843~1928年）是一位美国地质学家。1843年9月25日生于伊利诺伊州马通；1928年11月15日卒于伊利诺伊州芝加哥。1866年毕业于贝洛伊特学院，毕业后在密歇根大学和威斯康星大学进修研究生课程。1873年任贝洛伊特学院地质学教授，1887年任威斯康星大学校长。1909~1910年来华考察，主要经长江到四川考察，也到过华北。在他的影集中有反映当时北京风貌的经典照片。本书主要参考了《张伯林的中国摄影集》(*Papers of T. C. Chamberlin*)。

山本赞七郎

山本赞七郎（1855~1943年）是一位日本摄影师，1898~1930年在北京开设山本照相馆，拍摄了大量中国和北京的风光人文照片，出版有影集《北京名胜》等。

后　记

　　作者多年来借助互联网搜集北京历史影像资料，以期还原老北京城概貌。努力经年终搜集到北京城池近150年前以来的老照片影像数字化资料近3000帧，各时期老照片跨度逾百年。精选其中400余帧，逐一辨别整理、点注，分节拙拟老北京城门小传，与老照片编排成册，寄希望于留给后人一个老北京城形象的记录和感性的认知。经过近两年的进一步整理、修订，使书稿渐趋完善，终于能够出版了。在此衷心感谢生活·读书·新知三联书店认可并签约出版本书，同时还要感谢编辑同志的辛勤劳动。感谢美国杜克大学图书馆授权作者在书中引用所属版权的西德尼·甘博摄影作品；感谢美国哈佛燕京图书馆授权引用赫达·莫理循相关北京城门旧照；感谢北京正阳书局授权使用其翻译出版的奥斯伍尔德·喜仁龙《北京的城墙和城门》一书中的图版资料。在此一并感谢书中引用照片资料的所有摄影师，是他们在影像里留住了老北京。

　　令自己无比沉痛和遗憾的是，母亲于己亥年（2019）正月初九去世，未能见到本书出版。我的父母亲都出生于民国北平，并于1949年相继毕业参加工作，他们是不能再普通的老北平人了。

　　谨以本书纪念我已故的父亲、母亲。

　　谨以本书献给热爱老北京城的人们。